U0016405

Life's Amazing Secrets:
How to Find Balance and Purpose in Your Life

美好人生的驚人祕密

如何在生活中找到平衡與生命意義

Gaur Gopal Das
高樂・谷巴・達斯／著
陳孟君／譯

目次

第一個輪子
個人生活

第二個輪子

人際關係

第三個輪子

工作生活

第四個輪子

社會貢獻

致我親愛的母親、已逝的父親、祖母和姊姊——

你們的愛是我所做一切努力的基石！

【自序】

幸福生活的祕訣，在於讓四個輪子就定位

你體驗過印度的雨季嗎？從天而降最猛烈、雷鳴最響亮的傾盆大雨。如果你遇上了，幾乎不可能全身而退。同樣地，你很難不陷入世上的挑戰與負面的處境。

想在內心感到平和、快樂與滿足，並非意味避開生活的挑戰，而是找出應對這些挑戰的方法，以達到理想的人生境界。赫胥黎說：「經驗不是發生在一個人身上的事，而是一個人如何處理發生在他身上的事。」

遇事時的反應將使一切變得不同。

如果人得以擁有一項最有價值的資產並真正地改變人生，那正是自由意志。我們是自己人生故事的作者。挑戰與困難的降臨，如同季風雨可能落在我們頭上。我們並非刻意尋求挑戰與困難，但它們就是可能找上門來，而我們必須選擇如何回應。

幸福不會不請自來。

從小，我們在各個領域有條不紊地接受教育，卻從沒有人正式地教我們該如何過得幸福。

我將透過這本書告訴你的其中一項驚人祕密，正是得以過上幸福、合一與平衡生活的方法，是任何人都可以用來體驗滿足感的簡單原則。

你是否感到煩躁、受挫？總覺得生活無法盡如己願？生活中有部分特別需要調整？若以上任何問題的答案為肯定，代表你的生活可能失衡了。

生活的祕訣就是**平衡**：不要太多，也不要太少。如同汽車倚靠四個輪子平衡，我們也必須平衡生活的四個重要領域：個人生活、人際關係、工作生活，與社會貢獻。

外在的平衡與車輪是否校準定位有關。根據當下的需要，把焦點放在某個歪斜的車輪，依此調整生活中的優先順序。

在人生的某些時刻，工作生活可能比個人生活更需要關注。你難道想與必須趕專案截止日的人共度週末？你不會的。因為他們正專注於達成目標，沒辦法撥出時間給其他事。

在別的時候，個人生活則可能優先於一切。難道有人會要求正在籌辦婚禮的人，花更多時間在工作上？準新人正在計畫生命中最重要的日子，這樣的要求並不合理。

親愛的朋友，我們必須願意調整優先順序，讓所有輪子就定位。然而，我們內在更深層次的平衡，與本書各章探討的人生態度與價值觀有關。

態度就像輪胎裡的空氣。胎壓不穩可能導致爆胎，如此一來便無法順利抵達目的地。這就是為什麼必須了解平衡的內在層面。如果外在平衡的原則是校準與定位，那麼內在平衡的原則就是態度與價值觀。

要讓內在與外在維持平衡，表示我們永遠不該放棄掌握方向盤——我們的靈性，這正是個人成功的基礎。就算所有輪子就定位，胎壓也處於最佳狀態，若手中沒了方向盤，仍無法到達想去的地方。

佛陀說過：「就像蠟燭沒有火就無法燃燒，人沒有靈性生活便無法生存。」任何以真誠付諸實行的靈性生活，都能為人生帶來目標感，並引導我們前往值得去的目的地。

當你感到空虛、迷惘，或面臨生存危機，可能是因為不知人生會走向何方。特別是這些時候，我們必須緊緊握住靈性的方向盤，繼續前進。

靈性的方向盤由四部分組成：靈性實踐、保持人我連結、個人品格，以及為神與他人服務。確實掌握方向盤的所有部分，就能賦予自己駕駛「人生」這輛車子的能力，去到我們理想的目的地。

讓我們一起到達那裡吧。

1 忘了鑰匙

當你成功時，不要忘了幸福的鑰匙。

幸福不在財產，也不在黃金裡，幸福存於靈魂之中。

——德謨克利特，希臘哲學家

公開宣布我最喜愛的美食來自印度南部，似乎並非明智之舉。這導致我一整年的早餐、午餐、晚餐都是南印酸豆湯，走到哪它們都如影隨形。容我向不知情的人說明，南印酸豆湯是種以扁豆為基底的蔬食燉菜酸豆湯，通常會搭配印度著名的米食如薄煎餅或蒸米糕一起吃。

從英國到澳洲，每個邀請我去家中做客的人，都會為我準備自家版本的酸豆湯。吃了這麼多，我自然而然成為這道印度菜的美食鑑賞家——我知道在任一城鎮的哪個角落可以找到最好的酸豆湯，更不用說我老家了。

這就是故事的開端。

雖然我在浦內長大，但我的心始終常駐於一處位於孟買的簡陋道場，它突兀地坐落在市中心的天際線中。我曾以僧人的身分在那裡生活了二十二年，學習以古老的東方智慧充實自己，也學習與世界分享如何將這樣的智慧在現代生活中付諸實行。

聽我講課的人經常邀請我去他們家吃午飯，但令他們失望的是，我往往會拒絕。身為僧人，我必須小心不過度放縱，在僧人訓練中守規是很重要的。然而，經過對方幾個月的懇求，我雖然猶豫，還是接受了去艾爾夫婦家餐敘的邀請。從長遠的眼光來看，當時的這個決定加深了我對幸福的理解。

五月中的孟買是出了名的潮濕。空氣又濕又黏，汗水會把襯衫黏在你背上。但只有在平地才有這種感覺，而不是在哈里布拉薩德與拉麗塔．艾爾夫婦位於高雅沃里區的高樓雲端豪宅中。

孟買的沃里區，就像紐約的第五大道或倫敦的公園大道。如果有一款孟買版本的大富翁遊戲，那麼如果你走到沃里區著名的摩天大樓，如皇家宮殿或嗡卡 1973（Omkar 1973），你將付出天價的過路費。

而現在我在這裡，一個名字不值一提的僧人，身處在親切的艾爾夫婦位於二十八樓高的家中，享受阿拉伯海吹來的涼爽微風。（請容我補充，人物的真實姓名已更動。不僅是因為故事內容對即將和我分享祕密的這對夫婦有點敏感，也為了避免冒犯那些曾提供我「不符合艾爾夫婦家標準」酸豆湯的人。）

午餐開始時我十分困惑，我從沒用湯匙喝過酸豆湯，更別說三支了。

艾爾夫婦讓我坐在華麗的橡木餐桌主位，可以俯瞰大海。桌子中央一個易碎的、閃閃發光的裝飾品，在正午的陽光下照亮了房間。

桌上擺滿特別為我準備的精緻餐具——一個沉甸甸的金葉形盤子，上面放著折成天鵝的緞面餐巾，盤子周圍放著形狀和大小各異的餐具——我面前擺有三支湯匙，右邊是兩把刀子，左邊還有四支叉子。

四支！我不確定我在我們道場是否找得齊四支，因為幾乎每個人都只用自己的五根手指。我略為不安地看向艾爾先生，希望他們夫婦和我一起用餐，而不只是帶著我穿過餐具迷宮。一個人吃飯一點都不有趣。

艾爾先生本想親自服務我，但在我的勸說下，他也加入了用餐。然而，艾爾太太拒絕了這項提議，並堅持她要參與忙碌廚房裡的備餐工作、為我們提供熱的薄煎餅，並親自為我們服務。

於是我一手拿著甜點刀、一手拿著沙拉叉，試圖切開薄煎餅。對我而言，這場景一點也不正常。

哈里布拉薩德對我熱情地笑了笑，捲起袖子，開始用手吃東西，示意我也可以這樣做。我很高興，因為我一直相信用手吃東西更美味。哈里布拉薩德雖然很有錢，但身上似乎沒有傲慢的氣息。

我問他：「你已擁有如此高的聲望，怎麼還能表現得如此謙卑？」

他答道：「我不認為自己很謙卑，但你認為我可能擁有的任何謙遜特質，都得歸功於我純樸的南印父母，他們就是用這麼多的愛撫養我長大。」

儘管今天他的盤子周圍有許多餐具，但哈里布拉薩德可不是含著金湯匙出生的。「我在清奈市郊外的一個小村莊長大……」他一邊說著，一邊將薄煎餅浸入酸豆湯。他的妻子拉麗塔走了進來，端來另一盤薄煎餅。她坐了一會兒，饒富興味地聽著丈夫說話。

哈里布拉薩德繼續說道：「我父親在紡織廠工作，他的工資養活了我們一家大小。工廠免費送給我們棉衣，從我哥哥姊姊往下傳，我是最小的孩子，所以我大部分的衣服領標上都有我兄弟的名字。父親為了我們非常努力工作。」

「但現在看看你的衣服！你買得起它們，只因為你是所有兄弟姊妹中最聰明的。」拉麗塔插話道，又給他端上一份熱薄煎餅。他們深情地對視一笑。我注意到他穿著 Gucci 的正裝，看起來確實像個品味講究的政治人物。

「那你媽媽呢？」我問。

「我媽媽在家陪我們。她從學校接我們回家，為我們做飯，並在困難時擔任我們的諮商師。她的頭髮總是緊緊紮成一個髮髻，但她的雙臂總是張開擁抱我們。她把孩子的教育放在第一位，只希望我們過上更好的生活。」

我說：「是啊，你現在看起來過得很好。」

哈里布拉薩德似乎沒注意到我說的話，繼續說道：「我還記得進入印度理工學院孟買分校（IIT Bombay）就讀時，必須維持優秀表現的雙重壓力。不過一切都是值得的，我一畢業就錄取了哈佛商學院MBA，因為我是IIT第一名的畢業生。」

拉麗塔以銀製托盤端來芒果口味的「古魯菲」（一種印度冰淇淋），暫時打斷了我們的談話，「你們是在說哈佛嗎？」拉麗塔不顧我推拒，一邊給我盛上兩球「古魯菲」，一邊問道。

「那是我們第一次見面的地方，」她告訴我，「當我們在哈佛印度學生社團遇見彼此時，我正在那裡從事醫學研究。我們是一見鍾情。但那時我沒有遇到南印來的哈里布拉薩德，而是遇到了『哈利』，他的美國朋友都這麼叫他。」

「好啊，那麼從現在開始，我就叫他哈利吧！」我笑了。

午餐接近尾聲時，哈利談到了他為一家跨國顧問公司擔任主管的工作。哈利在哈佛的成功給了他動力──現年三十五歲的他，已經是公司有史以來最年輕的董事之一，並負責整個亞洲區業務。

「在我們考慮生孩子之前，我們都在努力幫助盡可能多的人。我們希望賦予人們成功的力量。」哈利握著妻子的手說。

我對這對夫婦的教養與有禮感到驚喜。拉麗塔的世界級酸豆湯，也象徵著他們之間的暖意和愛意。

「謝謝你們為我準備的豐盛午餐！」我對他們說，示意我必須離開了。

「我很想多待一會兒，但一小時後我在道場有場集會。能麻煩你們幫我叫輛計程車嗎？」我問道。

「計程車！」哈利像是被冒犯似地叫道，「請讓我送你一程。道場離這裡只有三十分鐘車程。」

我記得哈利有輛賓士，那將是趟多麼迅速的返家之旅！我感謝拉麗塔準備的美味佳餚，她微笑著回謝我。我注意到她按著肚子好像不太舒服，但我沒有多想，哈利也是。我們急著走向電梯，轉眼間就到了車庫。

當電梯打開時，哈利慌張地搜遍全身，那和人們找不到口袋裡手機的表情是一樣的。

「我忘了鑰匙，」他邊說邊用力按下電梯鈕，好像這樣能更快將他帶回第二十八樓，「我馬上回來。」他請我先留在這裡。

黑暗讓這裡像座廢棄的車庫，但當我往深處走去、感應燈自動亮起，眼前突然變成了所有男孩的天堂——一場你想像得到最昂貴的汽車嘉年華會。我在車庫裡走來走去，想起自己小時候對汽車有多著迷。

當我在一輛法拉利的車窗上看到自己的倒影時，我咯咯笑了起來，這輛車和我的長袍一樣是橙色。但我沒看到哈利的賓士車。

電梯門開啟，哈利氣喘吁吁跑了出來，鑰匙叮噹作響。

「你的賓士在哪裡？」我好奇地問。

「很遺憾我不得不賣掉它，那車子的底盤對孟買的街道來說太低了。我買了一輛凌志（Lexus）。我聽說擁有一輛日本進口車凌志，是真正社會士紳地位的標誌。」[1]

「我想，是否該賣掉你高貴的賓士車並改買一輛凌志，這問題很好解決！」[2]我們像老朋友一樣笑了起來。

當我們匆匆趕往閃閃發亮的凌志，我再一次表達了我對他們夫婦即使擁有這樣的地位、財富與影響力，卻仍能與靈性生活重新連結的深刻印象。

「我能告訴你一個你會喜歡的故事嗎？」哈利點了點頭。

我們坐上車、安頓好，準備展開穿越城市的短程旅行。當我開始說話，哈利打開了車內的燈並專心看著我。

「和朋友一起度假是最好的人生體驗之一。出家前，我和浦內大學的三個好友決定一起去新德里旅行。我們訂了飯店，但沒意識到房間位在第十八樓。」我說道，哈利正倒車出來準備出發。

「放好行李後，我們決定坐機動三輪車遊覽城市。我們從德里紅堡出發、在月光集市吃午餐、在蓮花寺靜心，然後在印度門周圍的草坪上休息。那真是美好的一天。接著，又累又餓的我們決定回飯店訂客房送餐服務。然而傍晚抵達飯店時，卻得知電梯壞了。」

哈利倒抽一口氣。「你們做了什麼？」

「我們還年輕，所以決定一路爬樓梯回房間。」

1　譯注：在印度，買得起日本車是擁有一定社經地位的象徵。

2　譯注：意思是淩志比賓士便宜多了，換車這個決定很簡單，對哈利想必不成問題。

「這太瘋狂了。如果不得不爬樓梯回家，我會取消健身房會員。何況我還可能得背著拉麗塔上樓！」他開玩笑說。

「到後來我們都筋疲力竭，但俗話說得好，開心時，時間會過得飛快。與朋友一路有說有笑讓這一切容易多了。」

「我同意，」他點點頭說，「你們都聊了什麼？」

「講笑話、說故事、逗對方笑、互相揶揄。從一個樓層往上到另個樓層，我們都沒有任何抱怨，但在第十五樓，我們發現有個體型較為寬厚的朋友開始安靜下來。我問他：『你還好嗎？』他直截了當地說：『我很好。』我們身邊都有個這樣的朋友，從不擅長講有趣的事。他就是那類型的人。」

「我所有的朋友都很有趣！」哈利說道。

「好吧，那你可能就是那個不有趣的人，」我開玩笑地說，「經過幾分鐘好說歹說，朋友終於肯和我們說故事。起初，他欲言又止，但隨後脫口說道：『我想分享的有趣故事就是：我把房間鑰匙忘在機動三輪車上了。』聽到這裡，大家的臉都垮了。我們才在蓮花寺了解了非暴力原則，但在那種情況下，不暴力是不可能的！我們用盡了畢生自制力，開啟了一段安靜的旅程，往下走回接待櫃臺，祈求飯店有備用鑰匙。」

哈利大笑起來，「我可以想像當你們發現他沒有鑰匙時，臉上的表情有多痛苦。」我點了點頭。

「多年後我才明白這個故事的教訓，而今天看到你忘了車鑰匙，我又想了起來。哈利，你的人生已經取得不可思議的進展。人們都夢想得到你擁有的世俗成就：在世界各地的知名學校學習、擁有摯愛的伴侶、住在摩天大樓的最高層、擁有七位數的薪水，以及比同輩早幾年得到的專業名聲。你的人生已經取得了長足的進展，然而，我很高興你在通往成功的階梯上沒有忘了幸福的鑰匙。現代社會很容易將注意力放在外在成就，而忘了衡量自己是否滿意現在的生活狀態。你沒有忽略自己的生活層面，我很欣慰。」

「我想是吧……」哈利略為不安地說。他不再微笑了，我感覺得到他語氣的變化，一陣尷尬開始蔓延。

他似乎有話想說，但我不知道他想說什麼。

當我們離開地下停車場、到了平面，路人立刻注意到這輛車，且不停地盯著它。

2 看見顯而易見以外的事物

笑容的背後，人人都有不為人知的掙扎。

正如我所說，人首先要對自己誠實。不改變自己，就永遠不可能對社會產生影響力……偉大的和平創造者都是正直、誠實，且謙遜的人。

——曼德拉

你有沒有經歷過一走進房間，卻發現裡頭的兩人正在吵架？我相信你能立刻感覺到那股沉滯的能量，沉默在兩人之間震耳欲聾。溝通不良正是會引發類似的緊張氛圍。

當哈利安靜下來，我發現自己在想：我是不是說錯了什麼？我冒犯他了嗎？冒犯曾在自家招待過自己的人可是相當令人遺憾的。

兩分鐘過去，我決定打破僵局。

「你是在哪裡買到這輛車的？」我試圖開啟一個較為輕鬆的話題。

哈利似乎很感激我試圖找到共同話題並緩和氣氛，但無論他的想法是什麼，我能感覺到他仍不太自在。

「嗯，我賣掉賓士之後，意識到自己需要買一輛車。最初幾週，我和妻子去哪都搭計程車。有天，我們在孟買的巨胡一帶拜訪朋友，車子在日本凌志汽車展售中心外的紅綠燈前停了下來。就是那時我看到了『她』——在玻璃窗裡面閃閃發光。這可是一見鍾情！」他為那段回憶高興起來。

「看來這輛車是你的寶貝。」我回答道。

他連忙點頭，「世上沒多少東西能像這樣的車讓你感到更快樂了。你看看儀表板上的數字細節、白色人造皮革座椅上的縫線、方向盤握起來的手感。事實上，這款汽車從零加速到時速一百公里所需的時間和賓士車一樣——」哈利緊握著方向盤、猛踩剎車，車子突然停了下來。我們的安全帶仍繫得牢牢的。

他滿腦子都在胡思亂想，根本沒意識到前方已經塞車。

「抱歉，我真想知道哪裡出了問題。」他凝視前方，語帶歉意。

「沒事，」我回答道，「你還好嗎？」我有點驚訝地問。

哈利凝望著遠方，試圖找出問題的根源，但顯然力不從心。「是的，我很好。但我很驚訝，這裡從沒塞過車！」他說道，聽起來很失望。

儘管交通狀況已經好轉，孟買仍被稱為印度的「車禍首都」。孟買的汽車數量與倫敦大致相同，道路死亡人數卻是倫敦的四倍之多。車子有時為了闖紅燈而橫衝直撞，並竭盡全力在擁擠堵塞的馬路上蛇行。然而，我們現在正被困在這部凌志汽車裡，哪兒也去不了。

「我們卡在路上了！」在眾車此起彼落的喧囂喇叭聲裡，我用盡全力讓電話那頭的人聽到我的聲音，但顯然效果有限，於是我改傳訊給同事說我可能會遲到。

「即使在我的新車裡，我也卡住了。車子能開多快顯然不重要。我卡住了！」哈利哽咽道。

「為什麼我覺得人生這麼卡？」他一邊敲著他珍視資產的方向盤，一邊尖叫，「是我前面車裡的人的錯嗎？塞車是他們害的？是馬路不夠寬嗎？我們沒有把馬路修得寬一點。是我的錯嗎？」他的聲音顫抖著。

「我買錯車了嗎？我應該買一輛摩托車嗎？現在買摩托車也來不及了吧？」我感覺到他發生了一些我不知道的事。

我將手輕放在哈利的肩膀上。他低下頭，雙手放在膝蓋上。

他的雙唇顫抖著，將目光從我身上移開，望向窗外。在窗戶的倒影中，我看到他悲傷的雙眼流下了幾滴落寞的淚水。

「對不起，」他說，「我不知道我怎麼了。」

「別感到抱歉，有時我們難免覺得人生卡住了，我能理解的。為什麼你會這麼認為呢？」我問。

「我敢肯定你沒時間聽我說完所有的事。」

「我有的是時間給你。首先，我想我們會卡在車陣很長一段時間；其次，你可是讓我吃到這輩子最好喝的酸豆湯！」

他破涕為笑，用絲綢手帕擦乾眼淚。他知道我想緩和他的心情。

安慰別人時很容易一不小心也陷入對方的悲傷能量，但這卻會使他們的痛苦延續更久。因此，重要的是我們要將積極、不帶評判的能量注入對話中。

「我該從哪裡開始？」

「你覺得自在就好，」我低聲說道，「我在聽。」

他嘆了口氣，開始說：「傻瓜才會說開賓士車不開心！但我想我就是傻瓜。我擁有看似人人夢寐以求的一切，內心深處卻總覺得少了點什麼。」

他再次望向窗外，彷彿凝望著他即將向我揭露的迷惘過去。

「故事要從印度理工學院孟買分校開始。我一開始就不想去那裡念書。我從來就不想讀工程，但父母不可能接受我說『不』。他們堅持認為『讀工程就能賺錢，進入印度理工學院將使人生掌握在你手中』。只要我提出質疑，他們就會提起自己過去為我犧牲了多少，以及我不該讓他們失望。這都讓我感到內疚。」他頓了一下，以為車陣開始移動，卻只是空歡喜一場。我們仍卡在其中。

他繼續說道：「我想我父母是藉由我實現了他們的理想。我父親對工廠紡織設備的更新軟體著迷，因此想讓我成為工廠裡的超級英雄，為他解決所有技術問題。」

「你可能不是軟體工程師，但你現在似乎做得很好，不是嗎？」我說，「你去了哈佛！」

「讀哈佛是我叛逆的表現！」哈利厲聲說道。

他深吸一口氣，「我不得不離開我的父母和兄弟姊妹。我想過自己的人生，所以逃到了美國。我知道這說法聽來很可笑，但我根本沒認真想過進哈佛商學院能得到什麼。我連想都沒想就接受了，只為了逃避一切。我拿到了全額獎學金，錯讀了多年的工程學後，我想開始自己的人生。」

「那麼，哈佛是解決方案嗎？」

「很不幸地不是。我完成了學業，但那不是我的使命。不過有件很棒的事，就是遇到了拉麗塔，或者『麗麗』，她在那裡的朋友都這麼叫她。我們都是南印人，立即產生了情感連結。忘了這輛車的事，那才是一見鍾情！我對她十分著迷，因為她學醫並想成為小兒科醫師。也許當時我有點嫉妒她，因為在那裡我意識到自己也想學醫，但為時已晚。我既沒有時間，也沒有錢重新開始。所以我把這一切藏得好好的，然後兩人一起回印度結婚了。」

哈利花了很多時間來坦承一切，而我不想打斷他。

「我們的婚姻很棒。好吧，一開始真的很讓人驚豔。拉麗塔正為了成為兒科醫師受訓，而我被獵人頭延攬到現在的顧問公司。他們答應給我六位數的薪資，這還不包含獎金。我晉升得很快，但我仍不斷自問：代價是什麼？工作的壓力和冗長的工時削弱了我們的婚姻。我們相處的時間很少，更不用說撫養孩子了。拉麗塔在家很少對我甜言蜜語，她不知道她那苛刻的言詞對我來說有多嚴厲。這也導致了爭吵，嗯，你知道的，婚姻問題。前幾天天氣太熱了，她大喊著要離婚。」他說道，再次望向窗外。

同樣一片大海，早些時候在高樓公寓帶給我們涼爽的微風，現在卻閃爍刺眼、悶熱難耐。

「一開始那麼純粹的愛，怎麼這麼快就煙消雲散？好笑的是，儘管坐擁一切，我仍處在不喜歡自己工作的階段，也不期待回到家裡。但以我的社會地位，誰會相信我不快樂呢？」

他說的當然是真的，我心想。人的自我是這樣的，當我們十分謙卑或處於極度痛苦時，就會向別人承認悲傷。我認為哈利的狀態是兩者皆有。

我們傾向於從表象看人，以為外表等於內心；然而，這個時代的悖論是，擁有更多的人往往更難以滿足。人們掌握了讓自己**看起來**很成功的方法，卻仍不知如何安排自己的生活，讓自己真正地**感覺**成功。

哈利說的話讓我想到這點，但我沒有選擇說出口，而是將這些想法留給自己。對我而言，傾聽與同理比回應更重要。

這時，車輪向前移動了幾公尺，表示至少我們仍在前進。

3 旅程開始

有朋友能傾聽你並與你一起討論，是尋找解方的開始。

千里之行，始於足下。

——老子

當親近的人與我們分享自己的憂慮，我們該怎麼做呢？

哈利談起內心的騷亂時，我有好多話想說，但後來，我想起了作為僧人的訓練：**沉默的在場陪伴，比一百萬句空話更有力**。

人人都有兩隻耳朵、一張嘴，聆聽和言語表達也應與之成比例。人們很少希望自己的問題在被徹底傾聽和理解之前被積極地解決。

早年人們常找我吐露心聲。那時我還是個年輕、古道熱腸、新面孔的僧人，渴望用我剛發掘的使命感拯救世界。

在我還不夠成熟時，我會在解決方案出現就立刻撲上前去。我並不明白，人們其實不在乎你能否解決他的問題，除非他們知道你在乎他。

事實上，與人類有關的所有問題的解答，幾乎都與有意識的、具同理心的傾聽有關。認真傾聽的態度與確實可行的解方同樣重要，這次我可不會在哈利身上犯同樣的錯誤。

我很高興堵塞的車陣開始流動，我的想法也是如此。

再度開口之前，我沉默了片刻。

「哈利，我很遺憾你經歷了這些。感謝你的信任並與我分享。即使只是和別人談談自己的問題，你不覺得輕鬆多了嗎？你不希望事情好轉嗎？」

哈利看著我，一臉懷疑。

「我只想擺脫這個爛攤子，但找不到任何出路可以不徹底毀掉我的人生。我快四十歲了，進行任何重大改變都為時已晚。我該怎麼辦才好？」

我想，「該怎麼做」是所有人生教練都討厭的四個字。因為教練給出的任何建議都會被人逕自當成「神奇咒語」，以為只要照著做就會「保證有好結果」，「因為高樂・谷巴・達斯（也就是我）就是這麼說的啊。」

但事實並非如此，盲從牧羊人的指引只會誤入歧途。

在生活中做選擇就像在商場買東西，銷售人員可以展示所有產品並說明優劣，但最終仍必須由我們自己做決定，這是我們的責任。

「我不是你的導師，我是你的朋友，」我堅稱，「我們必須自己做決定，我只能在能力所及的範圍內幫助你。我不知道所有的事情，我也不宣稱我懂，但根據我與世界各地成千上萬人交朋友的經歷，你並不孤單。許多人正經歷與你類似的掙扎。」

哈利再次嘆了口氣。緩緩穿過孟買車流的我們，就像是這如釋重負的嘆息。

「你看到有多少人卡在這車陣裡嗎？」我問，「就和我們一樣。他們坐在不同的車裡，但我們全都卡住了。看看四周，有位年長的紳士正在駕駛一輛計程車，後座載著英國遊客，那邊的司機正在播放寶萊塢經典歌曲，遠處甚至還有部勞斯萊斯。」

看到有比他更好的車出現，哈利不禁皺起眉頭。

「在這裡的所有人都有三個共同點：都卡住了、都有一段旅程要完成，也都有一個目的地。現在，想像一下交通已全數暢通，人人都能自由又平靜地完成各自的旅程，並到達自己選擇的目的地。」

「但這和我的情況有什麼關係？」哈利反駁。

「我們的大腦卡住了，哈利。堵塞的想法阻礙了每個人發揮真正的潛力。想像一下，如果我們知道如何清理這種干擾，沒有不安全感的煙霧害我們咳嗽，沒有人對我們鳴按喇叭，沒有人分散我們對重要事項的注意力，還擁有足夠的燃料來維持所需，得以過上值得一活的人生。」

哈利的眼裡此刻已沒有淚水，我只察覺到他感興趣。

「疏通我腦中交通狀況的過程始於二十二年前。我為當時給父母帶來的痛苦感到懊悔，離開家去出家了。就在那時，我了解了生命之輪。你身邊所有汽車都有四個輪子，也同樣壓在車軸上。這些輪胎中的任一個沒了氣都會減慢你抵達目的地的速度，要是失去一個則很可能會致命。因此，必須定期檢查和保養輪胎。同樣地，有四個原則構成了幸福生活的基礎。這四個原則**適用於所有人**——無關乎我們貼在自己身上的**任何標籤**，僧人或一般人、未婚或已婚、年輕或年老、貧困或富有、無神論者還是虔誠教徒，也與國籍、種族、性別或職業無關。」

當汽車再次停在車流中時，哈利直視我的雙眼。

「我準備好學習了。事實上，我從十八歲起就已經準備好了。」

— 第一個輪子 —

個人生活

4 在感恩中成長

我們必須在最悲慘的情況下找到正向的態度，並以感恩的原則生活。

我們學會了感恩與謙遜——從激勵我們的老師到保持學校整潔的清潔工，很多人都為我們的成功做出貢獻……我們被教導要重視每個人的貢獻並尊重每一個人。

——蜜雪兒・歐巴馬

哈利白皙的膚色和深棕色的眼睛形成了反差。眼睛果然是靈魂之窗，我想。

當哈利盯著我看，我注意到他部分眼白布滿了血絲。我想部分是因為訴說自己的痛苦帶來的壓力，部分是因為我們先前的談話內容讓人十分興奮。

「你說的，大腦塞車了……」哈利說道，渴望再次回到正軌。

我們短暫失去了目光接觸，因為他把脖子伸到方向盤上方，想看看前方的交通是否暢通了。儘管速度緩慢，但車陣確實開始動了。

「所以，大腦塞車了。」他重複道。

「大腦塞車了，」我對他微笑，「頭腦是我們用來感知世界的工具。我們看不到事物的本來面目，而是以我們的方式來看待事物。就像你的太陽眼鏡……」我指著他放在儀表板上的名牌眼鏡。

「戴上太陽眼鏡會改變看世界的方式。曾經看起來光鮮亮麗的東西，現在卻黯淡無光。事物本身沒有改變，是我們觀看的方式變了。」車子完全停了下來，哈利擺弄太陽眼鏡的鏡框，像在思考我的說法。

「但事物確實會隨著時間改變。我和拉麗塔就變成了完全不同的人。」

「我同意。時間的流沙不會為任何人減緩流速。事物的變化不由我們，但選擇觀看哪一面，決定權完全在自己。這是個人選擇。我們看到的是正向的還是負向的一面？」

我能感受到他的困惑。

「讓我舉一個自己的例子。」我說道。

看向積極面

每個人的情緒會在不同程度達到沸點。有人的溫度像秋老虎——炎熱、黏膩、容易感到煩躁，也有人可以在最極端的災禍中保持頭腦冷靜。作為僧人，我被教導要控制自己的情緒，所以我很自然地假設自己屬於後者。

直到有天，我才意識到自己還沒到達那種境界。對大多數人而言，「道場」一詞會讓人聯想到一座位於山腳下寺院的浪漫畫面，而且名稱往往很難發音。

但我所處的道場並非如此！我的道場位在南孟買的一處交通要道，是這座不夜城的一部分。百來個僧人住在一起，有時難免擁擠，你可以想像我們早上等洗手間要多久。

十年前的某天，我衝進了我的心靈導師拉達納特大師的房間。

我們很幸運，大師和大家一起住在道場，很容易就能和他分享快樂，或讓他傾聽我們的煩惱。

你去過他的房間嗎？絕妙無比！如果你能捕捉到「簡單」的氣味並製成香水出售，那將是他房間的精髓。

僅僅五平方公尺[3]大的空間，兩盞簡單的筒燈和攤開的草蓆，讓人彷彿走進了鄉村裡的家。

這裡幾乎沒有家具，只有一張離地幾十公分的小桌，和一把方便年長訪客使用的木椅。書架沿著兩面牆一路延伸到天花板，智慧古籍與當代研究並排放置。樂器——一個印度傳統風琴和一個木丹加鼓——緊挨著房間的視覺焦點，一座小祭壇，上面安放著助他靜心的神靈。

「一切都變了。」我敲著大師的門時低聲說。

「進來吧！」他說。

3 編注：約1.5坪。

我低著頭，生著悶氣，穿過木門。

拉達納特大師正坐在木桌前的地板上，雙腿交叉，背部挺直。

當我坐下並盤起雙腿時，再次重複了剛才的話，「一切都變了！」我無法接受，不得不告訴大師。

「高樂．谷巴？」他用帶點印度口音的美國腔好奇地說。

他銳利的目光穿過老花眼鏡，凝視著我。他合上正在看的那本書，封面好似有座遠古時期的遺跡。他把雙手撐在膝上，回復到原本的姿勢。

我試圖引起他的注意，表示我將開始說了。

我的情緒爆發了。

在四十五分鐘裡，我語帶挑剔地說盡了對道場管理人員和許多冤枉我的人的種種不滿。我忿忿不平地表示，如果這種情況一再發生，將毀了整個團體。

我自以為像個救世主，不得不指出這些潛藏於團體中的消極作為。「看著這些事情發生卻什麼也不做，會毀了一切的！」我的抱怨終於告一段落。

當我抱怨時，他什麼也沒說，就只是坐在那裡，一臉嚴肅。

「你說完了嗎？」他嚴厲問道。

我嘆了口氣回道：「是的。」

「團體裡有很多正面的事發生。」他開始說道。接下來的四十五分鐘，他沒有提及我的任何投訴，只關注好的一面，這讓我的心情好了起來。

「我並不是說問題不存在，但真正重要的是，當負面情緒吞噬我們的心智，不僅會讓人失去看到周圍美好事物的視野，還會失去解決問題的能力。我們必須訓練把心智專注於好的一面，並讓自己有能力面對不好的一面。」

然後，他用同樣多的時間研究我所有問題的實際解方，接著迅速指示我去食堂與其他僧人共進午餐。

他沒有忽略我提出的一些投訴真的是事實。

這並不是說我提出的問題不真實。我們都經歷過真正的挑戰，也應該找得到解方。但拉達納特大師教會我，在以建設性的方式處理問題時也抱持正面心態的力量。

「這聽起來清楚多了。」哈利說。

我能感覺到他的「但是」。

「但你的正面態度持續了多久？你是想告訴我，拉達納特大師剛剛要你態度正面，就奇蹟似地成真了？」

「好吧，奇蹟至少持續了一個小時，直到午餐時間。」我笑道，「這種心態會隨著時間的推移而發展，我在吃午飯時充分意識到了這一點。」

難忘的午餐

我興高采烈地離開拉達納特大師的房間。

那是思想開明的人的影響力之一，在他們的陪伴下很容易受到鼓舞。我飛也似地奔向午餐食堂（不是指身體上的，任何繫過僧人腰帶的人都會明白這有多難），滿懷正能量。我們道場的廚房每天為兩百多人備餐，裡頭有著比一些成年男子還大的鍋，還有比許多婚宴餐廳廚房還大的爐。國家地理頻道甚至在紀錄片《印度超級廚房》中介紹過我們道場的廚房。

米飯、扁豆湯、香料蔬菜咖哩、熱薄餅——一頓簡單但令人滿意的午餐完成了。然而，更讓我覺得有滋味的，是我對周遭人全新的欣賞角度。

屋裡的人有點像我的午餐。有時，豆子湯鹽分不夠、咖哩太辣，或炸玫瑰甜奶球有點太油，但這些仍舊滋養著我。

我看著食堂裡的每張臉。

過去，我可能察覺到他們的缺點，但他們確實都在我的旅程中幫助過我。那天，我了解到，對人產生負面看法時，應立即透過找出他們擁有的三種正面特質來中和這種負能量。

當我若有所思地看著眾人，確實與食堂裡許多僧人有了些尷尬且難以忽視的目光接觸，讓他們一臉困惑。但我的意圖是對的，我正在訓練我的心智看向他人好的一面。

用餐結束後，我一面消化我的想法和午餐，回到房裡準備當天晚上的演講。當我打開筆記型電腦，裡面有一堆未讀的電子郵件。想到晚上的工作截止期限，我沒有時間閱讀郵件。

「我該在演講中說些什麼呢？」我邊想，邊用手指有節奏地敲擊筆電側邊，坐在椅子上搖晃。我什麼也沒想到。

我的注意力被牙齒裡的東西給吸引過去。一顆小小的茴香種子，卡在我右側的下臼齒間。我不停舔弄那顆種子，舌頭像在齒間打網球，種子就是那顆球。經歷了約十五分鐘的挫敗，我感覺自己在這場激烈比賽中輸了兩局。於是我去了洗手間。

我的第一個策略是用水漱口。我用了一連串動作想把小茴香種子沖掉，但運氣不好，占據我牙齒縫隙的香料種子還是卡在原地不動。

第二個策略，我將壓力施加給我那不受歡迎的朋友：牙線。說到這裡，我想向所有正在讀這本書的牙醫道歉，我承認我很少使用牙線，我的手不夠靈巧。我最後一個可靠的港口是我偶爾使用的牙間刷。剛好塞得進齒縫間的細毛刷，看起來就像小型的牙菌斑戰鬥用劍。

你可以猜到，我成功了。

牙間刷輕輕一戳、直搗核心，終於成功將小茴香種子從嘴裡趕了出去。這是一場小而重要的勝利。

再次回到筆電前，我清楚知道那天晚上的演講要談什麼：我與拉達納特大師和小茴香種子之間的事。這標題荒謬得有趣，足以娛樂聽眾。然而，小茴香種子事件確實為我上了寶貴的一課。

心智就像舌頭。游移到生活的負面領域，使人焦躁不安；總盤算著如何根除導致我們如此痛苦的問題，卻沒意識到持續的謀畫反造成了更多情緒傷害。心智忽略了生活中其他三十一個「無種子」區域，選擇不專注於我們可以獲得的簡單快樂。這並不是說不該處理生活中的問題。我們也需要實用的解方——使用牙間刷是必要的——但不該為此內耗，這樣只會招來痛苦。

我們必須專注於感恩。

感恩不是一種感覺，而是可以培養的心智狀態，是讓我們得以生出無限正能量的寶庫。

感恩可分成兩步驟。首先，要了解到世界上存在著美好，且已降臨在我們身上。第二，要知道仁慈良善來自我們以外的事物，外部現實正在賜予恩典的禮物，成為我們自己的現實——家人、朋友、大自然，甚至神，有太多值得感激的人事物！

根據統計，感恩總會讓我們比不感恩得到更多。

不感恩意味忘了生活中的祝福，忽視人們為我們做的好事。懷著感激的心，不僅會有正向的感受、更好的睡眠、表達更多善意的能力、更有活力，甚至能增強免疫系統。這些都是感恩的好處。

我們在印度讀小學時唱過小強森．奧特曼寫的一首詩，得以有力地總結我想傳達的訊息：

當你處在生命的波濤上遭遇暴風雨拋擲，
當你灰心喪氣，以為一無所有，
細數你的許多祝福，一一地說，
神的作為會讓你感到驚訝。

「所以感恩是保持正向和快樂的關鍵？」哈利出聲確認。

「當然。」我回答道，「並不是快樂的人才會感恩，而是感恩的人會快樂。你覺得有道理嗎？」

「有一點吧，」哈利猶豫了下，「我能想到自己該感激的事，但這並不適用所有人。我認識去過地獄一遭又回來的人，無論是失去親人，還是受疾病折磨，他們怎能對此心存感激呢？」

我想起了我在孟買的朋友，他們的女兒罹患末期癌症。「是的，你是對的，哈利。人在某些情況下很難感恩，在向別人解釋這個原則時必須小心。當人們受苦時，我們不應麻木地要他們感恩，那樣做缺乏同理心。感恩有很多層次，讓我們來徹底了解。」

小女孩的不治之症

你能想到最嚴重的疾病是什麼？對大多數人而言是癌症。但人們不會將罹癌與年輕人連結在一塊。彼得．塞西尼教授說：「癌症主要是老年的病症，癌症患者中，有超過六十％是六十五歲以上的人。」這是種老年病。然而，這跟我朋友的經歷不同，他們四歲半的女兒甘達維卡被診斷出患有在人體生長速度最快的腫瘤：伯奇氏淋巴瘤。

甘達維卡的父親慕坎．尚巴先生是我的密友，向我述說他的故事。

「『我能感覺到她胃裡有個腫塊，』醫師對我說，『而且感覺很大。』醫師停了下來，轉身看向電腦螢幕，快速記下筆記。『我不想你擔心。』醫師繼續說。這六個字卻讓我非常擔心。我的職業是牙醫，有時我們對患者說這可能有點痛，實際上是很痛。『我不想你擔心，但考量到你女兒也有胃痛症狀，我認為應該帶她去醫院。』

「『沒關係。』我對醫師說，他正在打電話安排。『請問診斷書會郵寄到家嗎？需要多久時間？』我天真地問。

「『不，我的意思是，馬上送她去醫院！』醫師說。我驚訝地看著他。本來看完醫生後我們還有其他行程，但他臉上的急迫感表明了這很嚴重——孩子必須立刻接受醫療照護。

「一小段車程後，我們抵達醫院，放射科醫師在接待處等我們。我們的醫師打了一些電話。放射科醫師看起來很眼熟，他也是我們靈修團體的成員。他帶我和女兒上樓，來到診間，一路上閒聊著。我很緊張，但甘達維卡正在享受她生命中的時光。來醫院對她像是一場冒險。我試圖與放射科醫師交談，但奇怪的是，他也神色緊張。我們的醫師是否告訴了他一些我們還不知道的事？

「在診間裡，放射科醫師對甘達維卡做超音波檢查。冰冷的凝膠讓她的肚子發癢。我還記得她當時的笑聲。他沒有多說什麼，但確實做了穿刺檢查，並說會打電話告訴我們結果。我無法形容那四十八小時有多漫長。電話響了，我接起來，但馬上就掛了——醫師說甘達維卡得了一種罕見的癌症。光是聽到這個詞就讓我充滿恐懼。

「知道這種令人難以忍受的疾病會影響到你的摯愛，而你愛這人遠勝過自己的生命，你怎麼可能對此心存感激？我的妻子帕維特拉和我，剛開始都覺得不可能，但我們從社群得到的愛，證明了我們必須心存感激。

「療程初始，朋友和家人都很關心。然而，一開始壓力真的很大。我們全家都在受苦。不僅甘達維卡如置身地獄，我們另外兩個孩子拉蒂卡和拉西卡，當時分別是七歲和兩歲，有很長一段時間沒能見到我們。她們還太小，無法理解發生了什麼事。想到三個孩子很快將只剩下兩個，我和妻子很難為她們堅強起來。

「甘達維卡經歷了化療、血液細胞指數下降、感染，和一再入院的惡性循環，我接連在醫院住了將近六個月。我生命中最艱熬的六個月！這是持續的痛苦循環，讓我保持理智的是我的靈性實踐，但主要還是周遭朋友對我傾注的愛。

「有個朋友每個週末都會帶我的孩子回家，像對待自己的孩子一樣對待她們，這樣她們就不會太過想念母親。當我們在工作和醫院之間奔波，我的兩個姊妹會在週間幫忙照看我的孩子。父親堅持每天為我們做飯，這樣甘達維卡就不會錯過家常菜。三個月這樣過去了，這種不正常的日子成了我們的日常。

「聽說孩子長到四歲時，會開始明白他們是獨立的存在，能擁有自己的想法、理想和夢想。但畢竟是孩子，還沒完全成熟。這就是為什麼他們會回答諸如『你長大後想做什麼？』這樣的問題。太有趣了。走過醫院黑暗的走廊，我心想自己是否有機會看到女兒長大。

「九月下旬，問題出現了。甘達維卡的生日快到了，不難理解她已經失去了一開始本有的耐心，她想回家慶生。問題是她在前一輪的化療後發燒了。醫師警告我們，她不可以離開病房。這徹底傷了甘達維卡的心。但那也是我們得到更多支持的時刻。

「午餐時間，當甘達維卡再次去接受檢測，朋友和家人在她班導師的帶領下，為她的生日裝飾病房、給她驚喜。甘達維卡的同學們帶來了蛋糕、派對禮炮和各式各樣的禮物。這比我們計畫過的任何一場生日會更好！甘達維卡和我們都欣喜若狂。

「由於化療強度大且耗時，在印度治療癌症的費用非常昂貴，對平時過得頗有餘裕的我們也造成了經濟壓力。『我們真的很想以這種方式為你的女兒服務。』我們最親愛的朋友主動提出想幫忙支付治療費，我深受感動。為自己的孩子服務是光榮的，為別人孩子的付出與服務，更是徹頭徹尾的英雄。儘管試圖婉拒，最終我們接受了他們的饋贈，因為這伴隨著愛。

「在那段艱難的時期，我們的靈性導師拉達納特大師也與我們會面，詢問甘達維卡的健康狀況。他握著我的手、看著我的眼睛，說道：『我為甘達維卡祈福，也為你們所有人祈福。』現代社會很多人不再相信祈求的力量，但我們相信：我們所屬團體中那些具有豐富靈性力量夥伴的祈福及善意的祝願，給了我們力量應對生命的動蕩。

「甘達維卡是個精力充沛的孩子，她喜歡交朋友。在她的病房裡，還有許多其他患有同樣疾病的孩子，他們會一起玩耍，我們也與經歷同樣難關的家庭建立起連結。正如他們所說，人多力量大。護士說，我們的女兒與其他孩子不同，她會祈禱、閱讀，甚至靜心。醫護人員對此充滿希望，許多人甚至也開始實踐靈修生活。

「儘管有人與我們一起對抗癌症讓我們鼓起勇氣，但當他們輸掉這場戰鬥時，我們仍感到恐慌。玩著甘達維卡所擁有的相同玩具的孩子們，就在我們眼前離世。無辜的孩子就這樣被毀滅性的疾病吞噬！

「如果甘達維卡舊疾復發怎麼辦？這想法在我腦中反覆出現。正如我先前所言，當我獨自一人在空蕩蕩的醫院聆聽冰冷的沉默時，這些負面想法就會冒出來。『如果失去了甘達維卡，我們該如何面對？』在那樣的時刻，我們真的非常感激那些用愛包裹我們、幫助我們療癒傷口的人。我們對孟買靈修團體所有成員的感激就像一座燈塔，指引我們和小甘達維卡撐過她的難關。儘管我們知道她的病是絕症，但甘達維卡今天仍與我們在一起，笑著並祈禱著。感恩的人不能倖免於痛苦，然而，在艱難的時刻，許多不同層次的感激之情，確實給了我們難以想像的安慰。」

「我的車開得很快，」當我的意識回到談話中時，哈利說，「但那是過度情緒化的雲霄飛車。看來甘達維卡的父親與深度感恩有著深厚的連結。」

「真的，」我說，「真的。」我擦了擦眼淚。「如果我們想像他一樣，就需要花時間練習感恩。」

「當然，」哈利心情陰鬱地說，「但我過著非常忙碌的生活……」

「那就更有理由真正理解感恩。如果不這樣做，就會錯過我們存在這世上最美麗的一面。」我強調。

重點總結

◉以正面的心態處理問題，試著想出所處現況的任何正面意義。

◉正向並不意味必須忽視負面的角度。我們必須建設性地處理負面情況，同時專注於正向的一面。

◉如同舌頭執著於牙縫裡的異物，心智也有執著於負面事物的預設模式。

◉感恩是一種能讓我們看到事物正向的一面的狀態。感恩源自於能意識到世上眾多美好的事物，而其中一些美好就正在我們身邊，並確實來自於外部現實。這種意識狀態將使我們充滿正面力量。

◉即使身處困難、悲傷，感恩關心自己的朋友、家人，便能使自己的內在充滿力量。

5 按下暫停鍵

定時停下來反思生活。按下暫停鍵練習感恩，才能讓感恩成為生活的常態。

我愛那些在危難中依然微笑，在悲苦中依然蓄積力量，在深省中依然勇敢的人。心胸狹隘的人會退縮，但那些內心堅定、以內在良知導引外在行為的人，會堅持自己的原則，至死方休。

——達文西

沃里海景區坐擁孟買最昂貴的高級住宅。商界大亨、電影明星、板球運動員，郵遞門牌到處可見名人的名字。

我指著其中一棟新建築，「那是我一個好朋友的。」我說。

哈利驚訝地看著我，「我以為我是你最富有的朋友。」他一臉天真地聳了聳肩。

「你當然是其中一員。在這個年紀就有如此成就，沒人能揶揄你的成功。但這些人完全是在不同檔次拚搏的。這棟樓會蓋到十層高！」

哈利低下脖子向我那側車窗外望去，看著身穿螢光色薄夾克、頭戴黃色頭盔的人正在努力工作，打造億萬富翁的天堂。

「但願我買得起這裡的一戶房子。」他說。

「我想你誤會了，哈利。這十層全是他的家人要住的，沒有單獨出售的物件。」我繼續說，我的朋友張大嘴。

「事實上，我敢肯定這人工作起來和你一樣努力，甚至比你更努力。他是印度前幾大公司的董事長兼執行長。他總是抽出時間去想事物正向的一面，我認識他，所以我知道這點。這是心理層面的影響力——當我們感激所擁有的事物，就能準備好接受更多；否則，往往將白費近在眼前的機會。這道理對於工作與人際關係都適用。我們必須先感恩、按下暫停鍵，停下來聞聞玫瑰花香。」

地鐵站裡的世界級音樂饗宴

安徒生曾說：「當言語無法表達時，音樂會說話。」可唯有當你抽出時間聆聽才是如此。

十多年前，美國主流媒體《華盛頓郵報》發表了一篇短而不起眼的文章。《華盛頓郵報》向來以報導國家政治生態聞名，但這篇文章不同，講述的是一項社會實驗，用以揭露社會的殘酷事實。

大多數的美國政府中階官員，會在首都華盛頓特區的朗方廣場站下車。二〇〇七年一月十二日星期五，當人們喝著咖啡、狼吞虎嚥吃著甜甜圈、形色匆匆地趕著上班時，一個穿著T恤、牛仔褲，毫不起眼的男人，站在車站內的垃圾桶旁拉起小提琴。

在孟買，在街上演奏樂器不會被認為是值得尊敬的職業，在美國則不同。不屬於上流階層，也不被認為是底層人士，他們就是街頭藝人，有時也能吸引眾多的群眾與媒體關注。

有人在公眾場所演奏你會停下來聽嗎？會給些零錢表達好意嗎？還是你

總是趕著上班、擔心時間不夠而內疚地趕路？

那個平凡的冬天早晨，《華盛頓郵報》開啟了這項社會實驗，為的是了解人們是否會為了世上最優秀的古典音樂家之一駐足。樂手以有史以來最昂貴的小提琴、演奏著最優雅的古典樂——人們會把握免費的前排門票來親眼看看這位音樂天才，還是急著趕往國會山莊，白白浪費機會？

這位演奏者是國際知名的小提琴家約書亞．貝爾，當時三十九歲。從國家音樂廳到地鐵大廳，崇拜的聽眾成了可能只會忽視他的路人。在實驗前幾天，貝爾剛在座無虛席、最普通座位也要價一百美元、富麗堂皇的波士頓交響音樂廳演奏。這是對情境的完整度、感知力與優先次序的測試：美好的事物近在眼前，人們是否會駐足欣賞？

貝爾是音樂神童，父母都是心理學家。當貝爾父母注意到他們四歲大的孩子會用橡皮筋演奏音樂時——貝爾會將橡皮筋固定在櫃子上，以開闔櫃子的方式伸縮橡皮筋以改變音高——他們決定送他去參加正式的音樂訓練。貝爾在青少年時期就聲名大噪。「貝爾的存在是要讓人們意識到自己為何活在世上。」一篇雜誌的採訪如此讚譽。

但是，地鐵站的人也會這麼評論他嗎？人們會認出這位以價值三百五十萬美元的小提琴、演奏完美樂曲的天才嗎？你覺得呢？這可是世上最知名音樂家的免費音樂會！你可能認為貝爾的周圍會擠滿了人。

但你錯了。

貝爾開始演奏後三分鐘，一名中年男子看了他一眼，便繼續往前走。三十秒後，一位女士扔了一美元，也走了。六分鐘後，有人靠在牆上聆聽。統計數據令人沮喪。在約書亞．貝爾演奏的四十五分鐘內，有七人駐足至少一分鐘，二十七人給了打賞，共三十二美元，剩餘的一千零七十人對於發生在離他們僅有幾公尺處的奇蹟一無所感。

《華盛頓郵報》祕密記錄了貝爾的整場表演，以縮時攝影一覽所有過程——或者在這場實驗中，好像什麼事都沒發生。「即使調快影像，小提琴家的動作仍是如此優雅、流暢；然而，他與聽眾之間是如此遙遠——看不見、聽不見，彷彿置身另一個世界——以至於你或許認為他並不真的在那。就像鬼魂。唯有當你注意到他，他才突然變得真實。其他人則成了幽魂。」文章如此描述。

我們可以將無視貝爾的數千人貼上無知的標籤嗎？沒有這個必要。德國哲學家康德說，情境的完整度至關重要：「一個人欣賞美的能力與做出道德判斷的能力有關。」但要做到這一點，他說：「欣賞時的所有條件必須處於最佳狀態。」

藝術品在畫廊與在咖啡館會受到截然不同的對待。咖啡館裡的作品也許更精緻、藝術價值更高，但人們喝著各式各樣的咖啡時，沒有理由特別關注它們。而大多數的藝廊卻創造了「最佳條件」讓人們能欣賞美：完美的光源與角度、作品和觀者之間恰到好處的距離、用以解說的語音導覽或文字。有趣的是，許多人在藝廊都有過這樣的經驗：遺失了再普通不過的物品，回頭去找卻發現群眾聚集在物品周圍拍照，以為那是展出的作品！

情境能操縱觀點。

因此，我們不能因為貝爾「確實」看起來像個普通的小提琴家，就對人們的審美能力做出判斷。然而，這又該如何解釋，我們是否有能力欣賞生活？

身為人類的我們，隨著時代的推移更加忙碌了——人們傾向於剔除生活中與努力工作和累積財富沒有直接關係的部分。現代世界的組織架構讓我們沒時間停下來欣賞美，管好自己的事就已倍感壓力。

直視前方、站上手扶梯，這些無視約書亞．貝爾的人都有能力理解美，但這似乎與他們的生活無關，所以他們選擇不做。

如果我們甚至無法花點時間聆聽現今世上最知名演奏家的美妙樂音；如果現代生活的驅策壓抑了我們欣賞美的能力，以至於對所有美好充耳不聞，那麼，我們將錯過些什麼？

優先考慮並實踐感恩

海景觀光區吸引了所有人。遊客紛紛拍照留念（在他們與地平線之間只有一條潘德拉—沃里跨海大橋），家人在散步、情侶手牽著手、跑者在做他們最擅長的事。

這條路又成了停車場。

「你那邊看得到他嗎？」我指著一名男子，看起來大約二十五歲，正在人行道上健身。

「這樣的身材不是偶然，必須經過多年訓練才能擁有這樣的體態。想在一夕之間取得成功，需要的是背後多年的挑燈夜戰。」男子的手臂比一般人的腿還粗，肌肉看起來像是被斧頭精心雕鑿過。

哈利拉緊他的左臂，目測自己的二頭肌，笑了，意識到自己與那位正在做伏地挺身的壯漢相比明顯缺乏肌肉。

「同樣地，我們必須訓練心智的肌肉。對某些人而言，感恩是再自然不過的天性；對更多人來說，這是需要意識的優先事項。就像任何肌肉，我們『必須使用，否則就會失去它』。在更高層次的練習中，我們不須有意識地練習感恩，就能活在感恩中。這是種與眾不同的快樂，讓你永遠不會錯過像約書亞．貝爾在地鐵演奏這樣的時刻！」我說。

「怎樣才能達到那種境界？」哈利急切地問道。

「我們可以做一件經實證確實有效的事，它唯一需要努力的地方是，你得許下承諾並貫徹到底。那就是每天寫感恩日記，以三個感恩原則為基礎：

意識到、記住，與回報。」

「哇，謝謝你。請告訴我更多！」哈利插話道。

「正是如此，『謝謝』和『你』，這兩個詞有著如此強大的力量，卻在不被理解的情況下被濫用。容我解釋一下。」我說。

「首先，我們應該意識到別人對我們做了什麼該說『謝謝』的好事。這在當下很容易做到，比如有人為我們開門，或請我們喝杯熱飲。下個階段是記住別人為我們做的事，以表示感謝。迄今為止，省思是培養感恩的最佳方法之一。別受任何數位工具的打擾，花時間靜靜省思自己的想法，想想誰幫助了我們，將感激之情內化。」

哈利悶哼了聲，點了點頭，就好像那一刻正在凝視某個人。

「最後，我們應該回報，應該實踐自己的感謝。透過行動，口頭和心裡的感謝更上了一層樓。超越言語與感受，真正做到回饋，是得以長久活在感恩之中的基礎。你對什麼感到真心感謝呢？」

「好吧，我想我很感謝這次塞車，讓我有時間和你一起度過！」

在周圍持續的喇叭聲中，我更詳細解釋了實踐感恩日記的方法。

實踐感恩日記的方法

感恩日記可以保存在手機裡，在上班的途中寫下，或者，你可能想在安靜的空間寫在日記本上。練習方式很簡單，每天大約只需十分鐘，沒有硬性規定。但最好在早上開始這項活動，因為以感恩的心開始新的一天，會讓你在那天剩下的時間裡保持正向。

首先，請回顧過去二十四小時，找出三到五個讓你感激的人或情況。描述得越多，就越容易從自己的內在發掘感激之情。每天寫下三到五個想感激的人或事，每週列出三到五個行動來感謝你感激的人。

可以對任何事表示感謝——有人對你微笑、在車上讓座給你，或是同事請你吃午飯。

我們無法一一回報人們對我們的每一次善意，但至少可以從最親近的人做起。選擇一個每週的感恩行動並付諸行動。你感謝伴侶為你做晚餐嗎？感謝媽媽幫你洗衣服嗎？感謝伴侶順便幫你支付帳單嗎？採取行動來感謝他們吧。將自己要採取的行動寫下來，並仔細感受對方對你做那件好事時你有多快樂。

我們還是塞在車陣中。

「這是很好的練習，」我說，「不必長篇大論或字斟句酌，只要誠實寫下當天想感謝的人事物。」

哈利停頓了一下，再次陷入沉思。

「我能問你一些個人問題嗎？」哈利緊張地問道。

人們很少問我關於我自己的問題，但這是令人耳目一新的改變。關係是關於施與受。

「當然。你不也和我分享了你的生活故事？你想知道我的什麼事呢？」

「你有沒有遇過無法感恩、看不到一線希望的情況？」

我們之間又是一陣沉默。

「你想知道我的第一支影片是如何在網路走紅的嗎？那不是我想要的，當事情發生時，我當然不會心存感激。」我說道，想起那段令人不安的時光。

我將在下一章討論。現在，讓我們總結關於感恩這一章的內容。

重點總結

◉我們必須學習如何按下暫停鍵，並反思自己所感激的事物。只會說太忙了沒有時間感恩是不夠的。

◉如果我們不按下暫停鍵，會錯過多少生命中美好的時刻？

◉開始練習感恩的方法是：意識到別人對我們做的好事並說「謝謝」；記住美好並認真對待；透過行動來回報，並以一致的價值觀生活。

◉感恩不僅僅是一種緒，也是一種可以學習與實踐的生活方式。我們必須優先考慮練習感恩的時間，方法之一就是每天寫感恩日記。

6 為什麼要擔心

當事情超出控制範圍，你又無能為力時，為什麼要擔心？

憂慮永遠不會剝奪明天的悲傷，只會削弱今天的快樂。

——利奥．巴士卡力，美國教育家

在一個悶熱的夜晚，當我坐在房裡用筆電打字時，收到了一則朋友傳來的 WhatsApp 訊息。乍看沒什麼不尋常，卻可能因此毀了我的生活。

然而，在我詳細解釋原因之前，為了不熟悉 WhatsApp 是如何崛起的讀者，我想先和各位說說 WhatsApp 的成功故事。

WhatsApp 是免費的傳訊與通訊應用程式，任何人都可以在中國以外的任何地方下載。WhatsApp 是由畢業於史丹佛大學的軟體工程師布萊恩・艾克頓創立。艾克頓先是在蘋果公司工作，然後在雅虎工作了約十多年，直到二〇〇七年，他決定和朋友兼同事揚・庫姆前往南美進行一年的旅行。回來後，他們都去臉書和推特應徵工作，但都遭到拒絕。

艾克頓在二〇〇九年五月發推文說：「被推特總部拒絕了。沒關係，反正通勤時間會很長。」幾個月後，也就是二〇〇九年八月，他又發了一條推文：「臉書拒絕了我。很高興有機會與一些很棒的人產生連結，期待人生的下一次冒險。」

他的下一次冒險改變了全世界。

在艾克頓求職遭拒那一年的生日當天，WhatsApp 公司在加州矽谷正式成立。該應用程式呈指數型成長，獲得無可比擬的成功，以至於二〇一四年，臉書決定以驚人的一百九十億美元收購。到了二〇一七年十二月，WhatsApp 已坐擁十五億的活躍用戶數！

現在，相信你對 WhatsApp 的強大影響力有了更清楚的認識，當我告訴你這就是我收到訊息的同款應用程式，相信你會更理解我的擔憂，因為人們用 WhatsApp 來分享我說過的一段可能引發爭議的影片，而影片已在網路上瘋傳。

手機發出訊息通知聲，通知我收到了一位多年未聯繫的朋友發來的影片。收到他的消息很有趣，但稍後再讀吧，我不想在一天工作效率的高峰時段被打擾，於是把手機翻面。又是一陣嗶嗶聲。「怎麼回事？」我的思緒再次轉移到手機上，但我仍設法忽略。事後看來，我應該把手機調靜音的，因為接下來的一個小時，嗶嗶聲仍響個不停。

我想我必須確認一下到底是怎麼回事。

五四三一〇八，我解鎖了手機（密碼現在已經改了）並打開 WhatsApp。大量訊息淹沒了螢幕，來自我參與的群組，也很多來自我多年來聯繫過的人。這些消息都有個共同點：內容都包含一支三．四 MB 大小的影片。

讓我驚訝的是，人們發給我一段我自己的影片。這是一則被斷章取義的笑話段子，內容取自我在我們道場對一千五百名大學生發表的一次演講。在那之前，我的一些影片已在 YouTube 上獲得關注，現在卻像風滾草似地在我其他社交媒體平臺上聚成一團。

我播放了剪輯片段。「今天在印度任何一所學校，你知道一名教師工作十年後，平均可以存下多少錢嗎？可能十萬或二十萬盧比。」我在影片裡這樣說。到目前為止，一切都好，沒有偵測到危險。我坐在道場大廳一個凸起的墊子上，對著麥克風生動地講述。

「今天一個在印度的軟體工程師工作十年後，你知道他的平均年收入是多少嗎？可能是四十或五十萬盧比。」目前為止還沒發生爭議。

我繼續說：「一個印度政客，不是好的，而是腐敗的那種，經過十年的騙局大賺黑心錢，可以存下大約三到四億。」這段話會引起一些人的注意，政治腐敗在印度是個敏感話題。

我評論的下一個族群——我自己也是其中一員，但不是在財富方面——是我開始收到憤怒訊息的原因。

「想像一下，穿這件衣服的人能賺多少錢。」我抓起自己身上的橙色長袍。印度大多數僧人只穿這身衣袍來代表他們的出家身分。

「一個非常有名的靈性導師，印度的一位大師，他十年的積蓄只有二十三億八千萬盧比。另一名男性，一個宗教精神領袖，他十年的積蓄只有一百一十七點七億盧比。還有一個，又是宗教領袖，他的積蓄只有四百億盧比！」人群靜了下來。

雖然這只是玩笑話，我並沒有特別指稱任何人，但還是有些人咯咯笑了起來，想到我可能指的是誰。

「選擇職業時記得放聰明點！」我高聲道。

聽眾爆出的笑聲和掌聲在大理石牆周圍迴盪，甚至有幾個學生十分誇張地捧腹笑了起來。影片就剪輯到這了。

起初，我很高興人們喜歡我的演講。發現人性就是這樣，取悅別人時，我們也會很高興。

但當我在WhatsApp上讀到更多訊息時，發現大眾的反應顯然並不一致。

「像你這樣身穿橙色衣服的僧人，怎能說出如此貶低印度教精神領袖的話呢？」一條訊息這樣顯示。

「我覺得這有點冒犯。」另一則訊息表示。

許多訊息同表不贊同。

我一開始心想，多不公平啊！

這段影片更該受眾人廣泛討論的部分，應該是我們在職涯往往以獲取收入為重，而犧牲了學習的機會。我畢竟是僧人，不是喜劇演員，娛樂大眾只是為了傳授人生課程。

那一刻，我的思緒開始高速運轉：萬一影片落入有心人士手裡怎麼辦？如果冒犯了一些心靈大師怎麼辦？如果他們向我的道場、我所屬的機構，或我的導師投訴怎麼辦？我讓整個社會蒙羞了嗎？我會被禁止在公共場合發言嗎？他們會告我誹謗嗎？

我沒有冒犯精神領袖的意思。我認識他們當中許多人，他們思想純淨、真誠，還將自己的收入用於建設性目的。

然而，隨著質疑我行為的訊息不斷湧入，我忍不住去想最壞的情況：「如果變成這樣該怎麼辦……？」對於這種情況，我一點都不感激！

最初的激動情緒過後，我開始變得防衛。

我開始為這些難以逃避的事做準備，在腦中計畫如何向我身穿橙色衣服的僧眾解釋。我甚至打給一位律師朋友起草一份聲明，以防興訟帶來的法律問題。他向我保證不會，但焦慮戰勝了我，每條新的 WhatsApp 訊息都讓我血壓升高，到了夜裡也不見好轉。

月光灑在屋外，我整夜睜大眼躺著，把薄毯緊緊蓋到下巴，當成擋箭牌。小時候，我經常懷疑床底下住著一個怪物，但現在唯一折磨我的，是在那裡充電的手機。

我通常會在清晨四點起床進行晨間靜心。揉了揉眼睛，我昏昏沉沉地如往常般起身，坐在木床上，思考著發生的事和可能發生的事。

拿起手機，我擔心會發生最壞的情況。我適應了強光，立即打開 WhatsApp，發現有許多訊息與我分享我的影片，有些是憤怒，也有些是愛，我鬆了口氣。但距離第一個人發給我那折磨人的影片才經過十二個小時，我還是很焦急。

一直持續到我收到另一位僧人發來的圖片，那像是來自天堂的訊息。圖片的標題是：為什麼要擔心？

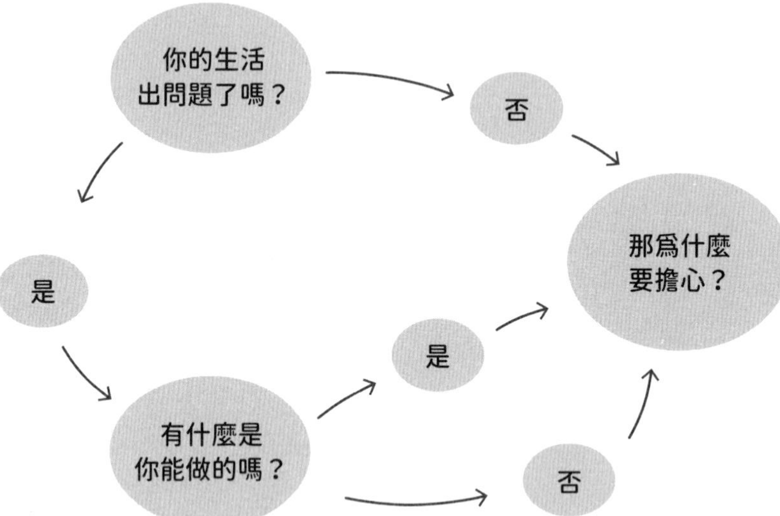
你的生活
出問題了嗎？
否
是
那爲什麼
要擔心？
是
有什麼是
你能做的嗎？
否

心智運作的方式令人難以置信。前一刻，我還在為自己的生命擔心；下一秒，我完全平靜了。

我從手機的收藏資料夾中找出圖給哈利看。

「你能分享給我嗎？」哈利問道。

「當然。」我將圖轉發給他。

多年來，我一直在修習靈性的力量，但我從未見過如此簡單就能說清楚如何脫離不可控事物的原則。

有時，簡單的說明最能打動人心。沒有花俏的言語或抽象的概念，只是謙虛地呈現真理的本質，以喚醒靈魂。

簡單的想法被普遍接受，這就是我覺得為什麼知名饒舌歌手尚恩．康柏（更廣為人知的名字是P．迪弟）會在Instagram上分享我一支關於「為什麼要擔心」的演講片段。

影片一旦在網路上瘋傳就不可能停止。

遇到無法控制的問題時，我們必須求助於自己的精神力量，向內探問：**「爲什麼要擔心？」**無論是否能對此做些什麼，我們的反應都不該是焦慮。

學會抽離不可控的情況是成長的必要技能。

這並不是說我贊成不去處理——我們應該竭盡全力嘗試改正情況，但在那之後，必須將注意力從不愉快的狀況中移開。

不利的事可能在之後的某刻變成好事，好事也可能在未來反變爲不利的情況。生活中大多數的事都不在我們的可控範圍，因此不應以表面價值來判斷任何情況。

我以為會顛覆我人生的影片，隨後我才知道，那是最大的祝福。它開啟了我的旅程，我在社群媒體上的存在得以幫助、激勵全球數百萬人，甚至讓我有機會透過這本書傳達我的想法。

因此，請容我再次重複，**遇到任何情況都請試著分析：這件事在我的可控範圍嗎？不論接下來你想到什麼，答案都應該是「爲什麼要擔心」！**

我注意到，當我談起這件事時，哈利看起來鬆了口氣。我靜心一想，當人聽到有意義的觀點時，心中的疑慮就會消散。

讓人生變明晰的最簡單方法，是向擁有明晰的心的人尋求指導。

「精神力量……」他提出這點。

他的問題還沒完。「要達到超然或感恩的境界需要所謂的精神力量，你是怎麼辦到的？」

我很驚訝他開車時聽得如此專注。原來，人們絕望時感官會變得更敏銳、專注。

「有時，全神貫注於某個問題時，會覺得自己陷入了絕境，」我說，「在那種狀態下，不斷反省自己有什麼問題，將為自己帶來很多痛苦。獲取精神力量的過程，將使我們有能力擺脫這種心理的惡性循環，並有助於將最大的困境轉化為機遇。」

重點總結

- 生活中總有些事我們無法控制。處於那種情況時，往往會不知所措，因爲我們總試圖去控制所有局面，但那不過是徒勞！
- WhatsApp 的創辦人沒有成功進入推特和臉書工作，回頭來看，反而成爲對他們有利的事。因此，在某個時間點認爲不好的事，也可能在未來成爲發生在我們身上最好的事。
- 正如我無法控制我那被斷章取義的影片像病毒一般傳播，生活中有很多情況是不可控的。
- 想一想：這件事在我的可控範圍嗎？如果是，你可以開始做點什麼；如果不是，煩惱也無用。因此，無論是哪種情況都不必擔心。

7 靈性實踐

靈性實踐是幸福的基礎。在動盪時引導我們，在喜悅時為我們立基。

靜心可以幫助擁抱憂慮、恐懼和憤怒，非常療癒人心。就讓天然的自癒力來完成這項工作。

——一行禪師

活出靈性的前提是意識到我們活在這個世界，但不是來自這個世界。人的許多問題在於不了解基本的身分：**我們不是具有靈性經驗的人類，而是具有人類經驗的靈性存在**。

從理論上來看，人不可能理解這種原理。我們可以參加數百場講座、閱讀大量書籍，然而，不致力於靈性實踐及「sadhana」（修行）是不夠的。

解釋修行最簡單的方法，是以連結的等級來說明。在任何時候我們都可以建立三種連結：

・**在自己之外：**我們大部分時間都花在與外在世界的連結——網路、人際關係和工作。這一切都很重要，但如果沒有內在的導引，可能會讓人誤入歧途。總害怕錯過什麼、認為別處的草更綠、過著失衡的生活，這些都是錯誤地以自己之外的幸福為優先考量的症狀。

・**在自己之內：**在日常生活之外，許多人都在尋求內心的慰藉。為生活奮鬥的人、努力靠自己征服外在世界的人、對內在世界充滿好奇的人，偶爾還有一小部分追尋真理的人，這些都是會向內走的人。

・**超越自己：**一逕在內在航行的人，可能會因為無法進步或找不到方向感到沮喪，感覺自己像在一艘以每小時七十節高速航行的船上，卻沒有羅盤指引方向。「超越自己」意味重新建立我們與神或高於我們的存在的關係。神是獨一無二的，且不同文化對神有不同的認知。因此，這不是連結到我的神或你的神，而是連接到我們共有的神。當你真能超越自己時，就好像一個燈泡連接上了整座發電廠。燈泡本身只是帶有鎢絲的玻璃製品，需要通電才能體驗光亮並照亮他人。同樣地，正是與高於自己的事物建立聯繫，才能給自己愛，並讓我們能夠給他人愛。

當我進一步解釋時，哈利在一旁聽著。

「就像有許多途徑可以到達我們的目的地，也有許多超越宗教和宗派界限與神連結的方式。許多人會祈禱，這是一種實現自我的簡單、有效方法。我確實會祈禱，但我更喜歡透過靜心來培養精神力量。

「在許多靜心方式中，我練習的是梵唱靜心。這意味我每天花一些時間將注意力集中在聖音上，唱誦神的名字，以擺脫焦慮。現代科學已發現靜心的極大好處：可以減輕壓力，帶給我們目標感，變得更有創造力，還有許多其他優點。然而，古老的東方文獻給了我們更深刻的認識。

「靜心猶如一架飛機，先飛高、飛遠，再潛移默化。我將靜心視為飛機，因為起飛便能立即前往高處。感到憂慮和焦慮，是因為看待事物的角度有限。靜心使人能夠從更高的角度俯瞰所有焦慮、問題，與憂愁，進一步帶來莫大的平和與平靜。

「靜心能帶給我們的更深層影響，是讓人走得更遠。得以徹底改變人的性格，培養最好的內在品質以實現自我。靜心能讓我們成為最好的自己。但這需要時間，且往往不易覺察。例如，坐在飛機上向外看，看起來不是飛得很快，但八小時後，你將繞過大半個地球降落。

「心智讓靜心變得困難。頭腦就像隻不安分的猴子，總是從一個念頭跳到另一個念頭，不會因為你想靜下心來就變得平和，它需要被控制。因此，靜心是門幫助我們掌控想法的學問。例如，孟買的火車讓這座城市的經濟維持運轉，但讓一切順利行進的，是受制於軌道、時刻表，與目的地的種種約束。同樣地，不受靜心約束的心將無法到達目的地。有些日子會感覺像在靜心，有些日子則否。」

「光是理解靜心的概念就需要時間。我知道很多高階主管和名人都在練習，但我從不覺得自己有時間靜心。」哈利打斷我，他似乎對我提出的多種概念不知所措。

「沒時間的人最需要靜心，」我笑著說，「現在我每天可以靜心兩個小時，但一開始不是這樣的。剛開始，我每天只用十分鐘應付。這樣聽來是不是沒那麼可怕了？」

哈利點點頭，問道：「經過這麼久時間，你有發現自己性格上有什麼變化嗎？」

「老實說，有。不用等下輩子才能看到靜心的效果——練習得足夠勤奮且接受正確的指導，人人都可以在這輩子就收到成果。」

他似乎對這個答案印象深刻。

「你還記得我之前說過感恩的重要性嗎？」我問。

「當然。」

「靜心的人會養成真誠感恩的習慣，這有助於他們處理所有的人際關係。這是種『強化關係的情緒』，因為需要我們看清自己是如何獲得他人的支持與肯定。」哈利又開始擺弄方向盤。

「你在想什麼？」我問。

「我正在想我和拉麗塔是如何對待彼此的。」他說道，準備繼續我們的談話。我知道是時候告訴他關於人生的第二個輪子了。

重點總結

◉我們不是具有靈性經驗的人類，而是具有人類經驗的靈性存在；我們不等同於這個身體，而屬於靈性的存在。

◉我們需要了解連結的三種層次。最終，必須連結到高於自己的事物，例如神。這可以賦予我們在世界各地散播幸福和快樂的力量。

◉有許多方法能與神連結。我們可能已有自己的一套方式，這很棒，那你更該深入探究。在極有效的幾種方法裡，且對我也很有效的一種，是梵唱靜心。

— 第二個輪子 —

人際關係

8 帶著敏感度說話

我們應該帶著敏感度對待彼此，我們對生活的態度會影響自己在人際關係中的行為模式。

溫和的回應平息怒火，嚴厲的言語激起憤怒。

——所羅門王

「你對待妻子的方式，什麼意思？」我一臉警戒地問。我去哈利家時沒發現任何問題，有什麼他沒說的內幕嗎？

「不是你聽到的那樣子，」他說，臉紅了，「我們只是一直吵架和起爭執。她總是想改變我，當她開始提出建議，我最後總是離開房間。」

我被他的話嚇了一跳，人們在大眾面前的行為模式可能與私下大相逕庭。

「就在不久前，我還感受到你們兩人交流中的暖意。」我說。

「我想我們的互動模式會因誰在一旁而異。」他停頓了一會兒，「要如何才能保持曾有的『火花』呢？你今天在我家目睹的情況，就是我們一起在美國時的樣子，總是那樣美好。現在火花卻慢慢熄滅了。為什麼會發生這種事？」

我有一長串的話想說。

我開始安慰哈利：「這在所有關係裡都會發生，而不僅僅是在婚姻。如果我們不主動積極，關係就會開始變得枯燥乏味。我們必須尊重對方，這會反映在我們對待他人的敏感度上。」

我還有一個小故事要分享。

壞話傳千里

飛機降落在倫敦希斯洛機場的停機坪上，輪子發出刺耳的聲音。

當人們違抗仍亮著的「繫好安全帶」警示燈號，聚集在走道上時，我閉上眼睛，仍坐在座位上，盤算著我進入航廈後要做的事。這是我第九次來倫敦。現在，我已經習慣了長長的入境隊伍，托運行李已在行李轉盤上轉來轉去，我的朋友在入境處等著接機。

隨著離開飛機的隊伍變短，我熟練地解開安全帶（這是安全演示教學裡我唯一掌握的部分），昏昏欲睡地伸了懶腰。從孟買出發，我們已經飛了十個小時。機外的傾盆大雨，意味班機在英國首都上空盤旋了四十五分鐘才得以降落。機組人員幫我將行李從座位上方拿下，展現了航空公司的優質服務。我有時覺得，橙色僧袍是否讓他們對我有些偏心，給我額外的枕頭或更大杯的番茄汁。雖然我從不覺得自己應該享有特權，但仍很感謝他們。

我出國習慣輕裝上陣。出家的好處在於，不必決定早上要穿什麼（每天都是橙色）、不必擔心要梳什麼髮型（我們沒有頭髮），而且隨身包包也很小（我們的東西不多）。

擁有的少可以消除焦慮，為生活中的重要事物挪出更多空間。

來到出入境管理處，我看到了「歡迎來到希斯洛機場」的標語。上面有張「吃牛人」的照片——我指的不是真的「吃牛人」，而是倫敦塔前的紅衣守衛，過去曾負責保護皇冠珠寶及看管關押在塔內的囚犯。

我走下斜坡，直往出口處走去。一位女士追了上來，她一邊在人群中穿行，一邊大喊：「大師！大師！我可以幫您提包包嗎？」可我只拎著一個黑色小筆電包，還要她幫忙會很尷尬。

「沒關係，非常感謝妳。」我回答道。周圍的人都盯著我們看。

「我可以幫您提包包，沒問題。」她堅持道。

「不、不，我這樣很好，我們何不一起在這裡排隊等候？」我回答道，對她的堅持很感興趣。

頻繁的出國旅行與社交活動教會我寶貴的一課，那就是要壓下內心的強烈衝動，別只是根據與他人的初次互動就評斷對方。每個人背後都有一個別人毫不知情的動人故事。

這位女士看上去三十多歲，身穿厚實的黑色羊毛衫，看起來已經準備好迎接英國的春天，手提棕色的四輪小登機箱。深藍色護照的一角從她口袋裡冒了出來——她是印度人。

「我是瑪娜西，很高興見到您。您鮮豔的橙色裝束吸引了我的注意。」她說。

「穿上這身僧服，妳可不會錯過我。」我回答道，引來她莞爾一笑。

「妳做什麼工作？」

「我是水肺潛水教練！」她自豪地說。

「那太好了，這種天氣我們可能需要妳的幫助。」我禮貌地說。一整晚和我降落的當天早上都下著暴雨，這是不列顛群島四月份的典型氣候。

「你是ＩＳＫＣＯＮ的一員嗎？」她突然問道，語氣略有改變。

我感覺得到閒聊已結束，是時候談正事了。

ＩＳＫＣＯＮ是國際奎師那意識協會，由聖者Ａ．Ｃ．巴克提維丹塔．史瓦米．斯里拉．帕布帕德創立，他的追隨者親切地稱他為斯里拉．帕布帕德。她是對的，這是我所屬的靈修機構。

「是的。」我看到她臉上的不滿，猶豫地說。她反應很快。

「好吧，ＩＳＫＣＯＮ海岸道場是我去過最糟糕的ＩＳＫＣＯＮ寺院！」她說，並不知道這是我修行並服務大半生的寺院。

「為什麼這麼說？妳有過什麼不好的經歷嗎？」我問她。我們一起擠在隊伍的前面。

「是的，一次可怕的經驗。在成長過程中，我一直對尋找自己的靈性道路感到好奇，並想研究《薄伽梵歌》。我在ＩＳＫＣＯＮ海岸道場的網站上看到一門線上課，可以跟著逐節深入學習文本。所以我去了招生辦公室，很高興地報名了。」瑪納西低下了頭，我想她不想讓其他人聽到，但確實有幾個人轉向我們。

「我走到辦公桌前，一位紳士坐在那，戴著耳機，忙著在筆電上打字。」她繼續說道。

「過了一會兒他才意識到我站在那，沮喪地拿下了左邊的耳機。『我要怎麼幫妳？妳要什麼？』他厲聲說道，不悅的語調讓我有點吃驚，我跟他說：『我想學習關於《薄伽梵歌》的長期課程，謝謝。』『你學過《自我發現之旅》這門課嗎？』他又嚴厲地說，沒有理會我有禮的舉止和請求。『是的，在這裡上的。』他停頓了下，拿下另一邊的耳機，直視著我的眼睛，『妳有輔導員嗎？』『輔導員？』我回道，『我為什麼需要輔導員？我生活中的一切都好好的。』

「那時，我還不知道ＩＳＫＣＯＮ海岸道場有個指導靈修愛好者的導師系統，稱之為『輔導員系統』。我以為他在暗示我需要心理輔導，因為我有問題。他告訴我，除非我有輔導員，是聖殿課程的定期參與者，遵守這條規定、那條規定，否則我無法參加我想上的課程。他告訴我，網站上明確提到了這些要求，然後他不等我回應，就將耳機塞回耳裡，目光移回他的筆電。

「據我所知，網站上沒有相關說明，而且我從未聽說他提到的荒謬規定。我只是想研究《薄伽梵歌》。他對待我的態度非常粗魯且令人不快，以至於我在最意想不到的地方——道場裡——感覺受到評判與滿腹委屈！如果道場裡的人允許這種行為與態度，那麼，我永遠不打算再去了。」

隊伍中有人無意間聽到瑪納西的抱怨，轉過身來輕蔑地看著我。

我試圖安撫瑪納西，「我很抱歉這件事發生在妳身上，讓妳有這樣可怕的經歷。他以這種方式對待妳非常不負責任。」我試圖將話題轉為更正向，「那麼，妳參加《自我發現之旅》那堂課了嗎？那門課的講師是誰？」

「我參加了高樂．谷巴．達斯的課程。」她喃喃地說。

我的臉有那麼容易忘記嗎？我在心裡偷笑了。這是得到客觀、公正回饋的最佳時機，看我做得如何。

她顯然沒有意識到自己上的正是我的課。

我吞了吞口水說：「那麼，妳喜歡這門課嗎？他好嗎？妳在課程中學到了很多東西嗎？」

「他太棒了，說得非常清楚和幽默！」

正面評價！我鬆了口氣。

「女士，我是高樂．谷巴．達斯！」在她繼續說下去之前，我打斷了她，因為過多讚美往往會讓人直衝腦門、得意忘形。

「不可能！」她難以置信地喊道。

移民局官員驚訝地從辦公桌上抬起頭來。但不到一秒鐘，他們臉上就恢復了往常的嚴肅表情，瑪納西的臉色也從褐轉紅。

「如果妳願意，我可以給妳看我的護照和證明文件！」我開玩笑說。

「我很抱歉。不好意思，那時候你沒戴眼鏡嗎？你現在似乎沒戴了。」

她為自己辯護。「我並不是說整個 ISKCON 海岸道場是個糟糕的地方，但我受到非常惡劣的對待，並深深傷害了我。」

我同情她的遭遇，並代我的道場向她致歉：「請務必回訪。想參與長期的《薄伽梵歌》課程確實有些基本要求，但我每週會教一節課，妳可以來參加。」我熱情地說，祝她一切順利。

氣氛有點尷尬，她走在我前面去掃描和檢查她的護照。在那之後，我沒在行李大廳看到她。

當一臉嚴肅的海關人員詳盡檢查我的資料時，我記得自己在想，如果不帶著敏感度與他人打交道，可能會破壞與他人的關係。

在人際關係中保持專注，對個人成功至關重要。我們對待他人的方式，決定了生活的品質。

「我的個性就是這樣」這種藉口是不可以接受的，我們不能因此就不帶著敏感度對待他人。判斷自己是否帶著足夠敏感度對待他人的黃金法則是：以自己希望被對待的方式更好地待人。問問自己這個問題：我的語氣、肢體語言和行為，是否反映了足夠的敏感度？

我一說完，哈利就問：「那你又見到她了嗎？她能原諒那個對她態度魯莽的人嗎？」

「幸運的是，她確實回來了，並開始在晚上參加我的《薄伽梵歌》課程——我想她原諒他了！」

「那太好了。」哈利停頓了一下，好像在思考如何將話題轉回自己身上。「所以……」他開始說，「說到我對待妻子的方式，要保持敏感度是很困難的。我的工時很長，當我疲憊地回到家後，她會說些讓我無法控制自己脾氣的話。一直和某人住得這麼近時，這很難做到。」

「親近會產生輕蔑，」我回答道，「與人過於熟悉時，我們反而會經常忘記他們對我們的重要性及相處的正確方式。我和其他一百多名僧人住在一起，我向你保證，這毫無疑問是具有挑戰性的。然而，二十多年前我學到的一課，從此改變了我在人際關係中的行為模式。」

態度沒有分別心

我並不總是飛到世界各地舉辦研討會。在孟買，我喜歡做另一種僧人：眾多僧侶的其中之一。

出家為僧之前，我是個在浦內中產家庭長大、嬌生慣養的男孩。像世上大多數孩子一樣，我覺得自己已擁有（並且仍擁有）最好的母親。她照顧我的一切——做我想吃的菜、洗我所有的衣服。我從來沒有等待過任何事。因此，你可以想像，當我決定出家時，她有多麼震驚和擔憂。誰給我做飯？誰幫我打掃？誰來洗我的衣服？

答案是：烹飪是一起完成的，但其他事都得自己負責。

這真是一條陡峭的學習曲線。

第一次洗衣服是場折磨。道場沒有洗衣機，只有兩個水桶和一塊肥皂，只能用一種老派的洗衣法：將衣服浸泡在洗劑和水裡三十分鐘，然後用另一桶清水沖洗。無須參加健身房會員，以這種方式洗衣就足以鍛鍊身體。事實上，我驚喜地發現，自己的二頭肌僅因為從衣服上擠出多餘的水就變大了！

有天，我去洗已在肥皂水中浸泡四十分鐘的衣物，心裡很著急，因為我得趕往城市另一頭的波里瓦里地區演講，但又不得不面對洗衣服的磨難。我打開水龍頭，水從鋼管裡嘩啦啦直流到浴室的地板上，我迅速用腳踢了一下，讓水桶移到水龍頭下方。

「你在做什麼？」一道嚴肅的聲音從我身後傳來，是位年長的僧人。

「只是洗衣服。」我恭敬地回答。

「是的，我看得出來。但你在做什麼？」他又問。

「只是……洗我的衣服。」我重複道。他的眼睛轉動著，皺著眉頭。

「是的，我看得出來。但你在做什麼？」他慢慢地說出每個字。

「只是洗我的衣服！」我反駁道，失去了耐心。「有什麼問題嗎？」我要發表重要的演講，就要遲到了。

「你為什麼要踢水桶？」他問。

「這只是一個水桶，我必須趕快放到水龍頭下。這沒什麼大不了的。」

「沒什麼大不了的？」他問道。「這是一件大事。高樂・谷巴，我想與你分享我對人際關係的見解。當我們以不尊重或麻木不仁的態度對待水桶或財產等無生命之物，最終我們會以同樣的方式待人。在人生的某個階段，我失去了很多朋友，因此我從一位指導者那裡聽到了這個建言。當麻木不仁成為我們做人處世態度的一部分，我們會本能地不去區分事物和人。因此，不當對待周身事物，可能會發現麻木不仁逐漸蔓延到我們與周遭人的關係。」

他拍拍我的背，一臉微笑，唱著印度讚歌離開。我懷著崇敬的心情，雙手合十，關上水龍頭，反思發生的事。

整個宇宙是相互關聯的，生活各領域也是如此。當我們以不尊重的態度對待事物時，便可能開始以同樣的方式對待所愛之人。

生活的方方面面都是合一的。

在現代文化中，用過一次就丟棄的物品很常見，例如塑膠杯。二〇一六年，艾倫．麥克阿瑟基金會在世界經濟論壇發表的報告指出，如果人類繼續以這種速度生產塑膠製品，到了二〇五〇年，海洋中的塑膠數量將比魚還多。以這種心態對待事物，最終也可能以這種隨時可棄的心態對待與人的關係。

我的母親是個貪婪的讀者，她為我朗讀印度文學經典書籍的記憶，至今歷歷在目。她會以幾近表演的方式，告訴我振奮人心的故事，那些故事是關於神靈和惡魔為地球母親而戰，以及恆河母親流向大海，在這段旅程中維持所有形式的生命。

她還告訴我，母牛在印度傳統中被認為是很神聖的。地球和恆河沒有生命，而牛是種動物，但在東方神祕文化中，我們被教導要像對待自己的母親一樣對待一切。有了對事物的這種尊重，就很容易理解為什麼真正能走上靈性實踐的人，通常也具有很堅實的人際關係。

「我從未聽過這樣的解釋。但你知道嗎？如果C羅和梅西聽到這故事，肯定會撼動他們的人生，畢竟他們的一生都建立在『踢』足球上。」哈利笑著說。

「這不是踢或不踢的問題，」我說，「萬事萬物皆有用處，必須以特定的方式使用。你會拿尺量測溫度嗎？我希望不會。我們應該按照所有事物設計的目的來使用，但應該以最高的尊嚴、價值和敬意相待。」

「嗯。但我傾向於清楚劃分生活領域，」哈利說，「我並不認為生活的方方面面完全相連。我習慣把事物分類，比如，這是工作、這是人際關係、這是靈性。」他用手來比畫，說明他的觀點。

「這麼做會帶來兩種結果。從實際的目的來看，人通常會將生活區分開來並從中獲益，但我們應該知道，在生活某個領域的行為方式，可能會對另個領域產生可怕的後果。」

「可能吧。在與妻子的衝突中，也許我扮演了某種角色，也許我對待她不夠有敏感度。一個巴掌拍不響——也許她回應我的方式，只是像鏡子般反映了我回應她的方式。」他說。

「是的，有時我們會激起人們對我們的反應。審視別人的同時，請牢記自己也有需要改進之處，如此一來，能更容易評估該如何與他人相處。」我回答道，「讓我們談談如何看見關係中正向的一面。」

重點總結

◉我們必須對自己的言行「保持敏感度」，這意味在說話或做事之前先考慮對方的感受。例如，瑪納西在我所處道場的負面經歷，影響了她對整個宗教群體的看法。

◉如何練習保持敏感度？即使是無生命的物體，也必須愼重看待並予以尊重。若不這樣做，麻木不仁的心態可能會成爲我們待人處世態度的一部分。

◉一個人的本能或做人處世的態度，不會區分事物和人。不好好對待事物將對態度產生不良影響，還可能滲透到人際關係領域。

9 看見他人的美好

看待他人的方式有很多種，我們應該開始選擇成為放大正面並避免負面的人。

任何人都可以在他人身上看到汙點，但你可以成為找到黃金的人。

——《聖經．箴言11：27》

汽車喇叭聲此起彼落，烏鴉在上空嘎嘎鳴叫，雖然仍卡在車陣中，但我們確實離目的地越來越近。我們還是不知道造成塞車的原因。

哈利問可否關掉冷氣：「冷氣有時會讓我喉嚨痛。我可以把窗戶打開一點嗎？希望你不介意。」

「當然不會。」我回答道，我們都將車窗搖下了幾公分。

「請繼續你剛才說的。」哈利說。

我正要開口說話，就見一隻大黃蜂飛進車裡。蜜蜂通常是無害的，但在這樣狹窄的空間，哈利和我都把頭靠在汽座頭枕上，動也不敢動。

這位黑黃相間的朋友在儀表板周圍嗡嗡作響，想必是被通風口散發出的茉莉花車用香氛給徹底迷住了，一直在尋找花朵的蹤跡。等意識到車裡沒有花粉，就歡快地飛走了，唱著所有蜜蜂都哼唱的歌。

「真驚險，」哈利明顯鬆了一口氣，「那隻蜜蜂好大！」

「我很慶幸這隻並不像牠那些太過熱情和憤怒的表親。」我指大黃蜂。「蜜蜂教會了我們很多事，」我說，同時一個念頭浮現在我的腦海，「牠們總在尋找擁有花蜜的花朵，避免在有汙垢的地方逗留。我們應該像蜜蜂一樣，總是看到人們最好的一面，並選擇避免挑剔他人的過錯。」

「這怎麼可能？一想到我的人際關係，就覺得這似乎太難做到了。」哈利回答道。

「這完全取決於我們想要什麼。我了解到，人可以透過五種不同的方式來看待關係中的人。讓我多告訴你一點。」

1. 完全看不到他人優點

第一種類型的人只會看到不好的一面，並習慣不成比例地放大事物的缺點。可能是出於怨恨、厭惡或不安全感，他們就是看不到別人可能擁有的任何優點。儘管你試圖向他們解釋某人很善良，但他們總會拒絕改變個人觀點。光是看到某人臉上有一處汙點，就覺得對方整個人都浸在泥裡似的。

很久以前，我聽過一個故事。一對年輕夫婦住在一棟位於美麗街區的漂亮房子，出於某種原因，妻子就是不喜歡隔壁女鄰居。一天早上，兩人在吃早餐，妻子透過窗戶往外看到女鄰居在曬衣服。

「你看看，」她對丈夫說，「你有沒有看到他們家衣服洗了之後有多髒？讓人驚訝的是，像她這樣的中年主婦，連衣服都洗不乾淨。也許她應該回娘家，重新學習如何正確清洗衣物。」

丈夫靜靜聽著。

每次女鄰居將衣服掛起來晾乾時，妻子都不會放過任何竊竊私語的批評機會。幾週後，她又看到鄰居把衣服掛在曬衣繩上。

但這一次有點不同。

「你看到了嗎？太棒了！」妻子驚訝地對丈夫說，「衣服終於變乾淨了！我敢保證衣服一定不是她洗的，一定是別人幫她洗的！」丈夫甚至沒有從座位上站起來看鄰居的衣服，只回答說：「親愛的，妳知道嗎？今天早上我起得很早，洗了窗戶。」

我們在別人身上看到的模樣，取決於我們正在看的窗戶，這不是鐵一般的事實嗎？清洗自己的窗戶就可以改變視野，但第一種人甚至不同意是自己的窗戶髒了，更別說把窗戶擦乾淨了。因此，他們不僅繼續認為是乾淨的衣服髒了，還不停地說別人壞話。

2. 選擇忽視他人好的一面

第二種類型的人能看到別人的好與壞，卻有意識地決定棄善揚惡。就像有些人選擇性聆聽一樣，這類人也有選擇性思維。

過去幾年，我有許多影片在網上廣傳，但流行程度遠不及狗狗影片。我們經常被狗迷住，以至於想知道自己究竟能做什麼才配得上這忠實的朋友。一則有趣的故事告訴人們狗有多忠誠，不過我不知道有幾分真實性。

有個男人到超市買雜貨。當他推著手推車、看著妻子列給他的潦草購物清單時，不小心撞上另一輛推車。

「抱歉！」他下意識喊道，卻因為眼前所見大感震驚。是一隻狗推著一輛堆滿各種各樣東西的購物車！驚訝的他跟著那隻狗從一條走道換到另一條，窺探狗的一舉一動。只見狗拿起水果、巧克力、麵包、義大利麵，一整籃滿滿的食物，接著走到收銀臺，拿出幾張美金結帳。

一板一眼的收銀員不為所動。看來他對這隻毛茸茸的朋友很熟悉。

這名男子隨後看到收銀員少給了狗十美元。狗吠叫著拉著收銀員的褲腿，直到他給了正確的餘額。

「這怎麼可能？」男人站在那裡，目瞪口呆。「我必須找出誰擁有這隻聰明的狗！」

男子一路尾隨，來到狗狗位於一棟公寓十五樓的家。你猜對了——這隻狗按了正確的電梯樓層，走到一扇深藍色的門前，把買的東西放在地上。然後他開始在門上抓撓，發出嗚嗚聲以引起主人注意。過了一會兒，主人打開門，開始對狗大吼大叫。

「你這個沒用的忘恩負義的廢物、畜生！我希望你東西都買好了！」然後他們一起進去了。

這下男人更傻眼了。狗主人真的只說了這些？他好奇地敲了三下門，攪弄手指，急著問主人為什麼對他的天才狗大吼大叫。

狗主人開門了。

「什麼事？」狗主人粗聲粗氣地問道。

「呃，先生，我只想問一個問題。我注意到你的狗為你去超市買了所有雜貨，設法從收銀員那裡找回正確的零錢，一路走回這棟大樓，在電梯上按了正確的樓層——真是太不可思議了！你為什麼還要衝著狗大吼？我必須知道為什麼。」

「這一切都是牠會做的事，但這是牠第二次忘記帶鑰匙。煩死人了，我還得站起來開門！」

男子站在公寓外，張大了嘴巴，不敢相信自己剛剛聽到的話。

這不就是我們生活中發生的故事嗎？朋友和家人明明做了很多好事，我們卻忽視一切，只關注負面的事。美好的事情就發生在你我身邊、在我們愛的人身上，但第二種人只想到對方怎麼會忘了帶鑰匙！

3. 對他人的優缺點保持中立

第三種類型的人能看到他人的優缺點，可他不關注不好的事，也不關心好事。這樣的人通常與所有人事物脫節，可能是因為只顧自己或天性冷漠，他們就是不在乎，但幾乎不可能找到這樣的人。

4. 選擇忽視他人不好的一面

接著是那些能看到他人的優缺點，卻有意識選擇忽略缺點，專注於他人優點的人。人很難仰賴這種想法生活，因為必須有意識地努力遠離人類看到壞事的天生傾向。持續看到好的一面可能需要付出很大的努力。

《印度時報》「會說話的樹」版面刊登過一篇關於已故企業家阿迪塔・皮爾拉的文章，簡明扼要地強調了這類人的特徵。

阿迪塔・皮爾拉是價值數十億美元的公司印丹可工業的執行長。這篇文章是關於公司裡一位高階主管犯了錯，導致公司損失了數百萬美元。只要是領導人都會解僱犯大錯的員工（如果不起訴的話），但阿迪塔・皮爾拉沒有。

在與該主管會面之前，皮爾拉拿出記事本，在上頭寫下一個標題：有利於這名員工的觀點。

然後，他列出了這個人所有的優點，包括他為公司創造了數百萬美元的時期。在做出任何判斷或糾錯之前，阿迪塔・皮爾拉有意識地選擇將注意力轉移到這名高階主管為公司做的所有好事。

隨著皮爾拉沒有解僱這名員工的消息傳遍整個公司，一種帶著敏感度處理事情的理念與文化在組織內形成。公司另一位高階主管寫道：「每當我想訓斥某人時，都會說服自己坐下來、寫下清單，列出他擁有的所有優點。這不一定會改變我的決定，但可以幫助我正確看待每一件事並掌控怒氣。」

專注於好的一面，並處理不好的一面，是個得以挽救關係並幫助我們做出正確決定的原則。

5. 完全看不到他人的缺點；只看到最細微的好，並予以放大

這種境界只有神或極致靈性高度的人才做得到。只看別人的優點，或者將細微的好放大到掩蓋對方不好的一面，到達這種程度是項壯舉，但對我們大多數人而言並不實際。

發展良好人際關係的理想狀態是成為第四種類型的人。人天生就喜歡八卦別人的不好，睜開眼只看得見灰塵，但是透過練習，我們可以達到看見好與壞的境界，並有意識地做出隱惡揚善的決定。

「我以前從未聽過這樣的解釋！」哈利驚呼道。

「這不是我的分析觀點，是從聖者帕布帕德的追隨者那裡聽到的。」我回答道。

「你能再回答一個問題嗎？你是怎麼完全無視不好的一面？」

「無視不好的一面並不意味不去處理，只是不讓想法在壞處上面百轉千迴。」

「完全正確！」哈利似乎強烈同意這點，但我認為他並不完全理解。

「我跟拉麗塔相處時，總無法忽視不好的一面，而是去處理它……」他停了下來，「我試圖從我的觀點帶著敏感度來處理，但我想，這總會在我們周身製造一種尷尬的氛圍，也讓她感到受傷。於是她開始對我語帶諷刺地批評，然後我告訴她不要這樣，惡性循環又開始了。真令人沮喪！」

重點總結

◉人有時很難看到他人好的一面，尤其如果我們一直與對方很親近。

◉可以透過以下五種方式來看待他人：

1. 只看到壞的一面並放大。
2. 看到好與壞，卻無視好的一面，只關注壞的一面。
3. 看到好與壞，並對兩者保持中立。
4. 看到好與壞，選擇專注於好的一面，無視壞的一面。
5. 看到好的一面並放大。

◉理想狀態是第四種境界，這能讓人際關係蓬勃發展。

◉想達到第四種境界，需要持續不懈的努力與練習。

10 謹慎指正他人

帶有指正的回饋，可以建立或破壞關係。

劍（sword）和文字（words）竟帶有相同的英文字母，真是奇了。更玄的是，若使用不當，會產生相同的效果。

——無名氏

「大多數時候，人的挫敗感來自於不當地處理人際關係，」我試圖安慰哈利，「這源於溝通的不順暢。無論是肢體語言還是一言一行，我們必須對關係承擔全部責任。」我繼續說道。

「但如果我總是想著該說些什麼才不會讓我妻子不高興，生活會變得很悲慘，而且總得小心翼翼。」哈利反駁道。

我嘆了口氣，「哈利，是的，我們在糾正別人時必須謹慎選擇措辭，但在此之前，我們必須學會對他人表達讚賞。」

我靜下心來詳細解釋。

取款前，先投資

二〇一七年九月底，我受邀至孟買證券交易所發表演講，主題是「印度文化賦權工作與生活平衡」。

場地就像預想中的那樣：一個巨大的圓形禮堂，鋪著天鵝絨紅地毯的宏偉舞臺，以及來自世界各地證交所的一百五十名高階主管。這是享譽四方的活動，可以受邀演講我十分榮幸。

我在會場提出一個觀點，似乎引起臺下野心勃勃聽眾的共鳴，我說：「共同基金和我們的人際關係有一個共同點：都必須在取款前，先投資。」

事實就是如此——很多時候我們會忘了在指正前先向對方投入欣賞和愛，這會讓他人感到沮喪與不被珍惜。

「學習欣賞」的藝術對建立健康的人際關係至關重要，我是在尼泊爾旅行時意識到這一點的。

我還記得，當時我的牙齒打顫、身子發抖，眼睛卻凝視著四周的美景。位於喜馬拉雅山脈索容拉山腳下的慕克提納什，天氣十分嚴寒，是印度教與佛教徒的聖地。對印度教徒而言，毘濕奴神化為自然形態後就在卡利·甘達基河的下游地區被發現；對佛教徒而言，這裡是重要的神靈居住地。

包括我在內的一些僧眾，帶著家人來到這世上屬一屬二的美麗聖地靈修。大家花了些時間討論所處地點的重要性後，各自返回了住所。此行的目的不僅是走訪所有靈性聖地，更重要的是與家人共度美好時光。

與家人共度的時光總是無可替代。我發現，在大自然中與人坦誠交流，可以奇蹟般地加強連結度。沒有比喜馬拉雅山更好的環境了！

回到租用的連棟屋舍後，我打開了筆電查看電子郵件。參與這趟靈修之旅並遠離俗世塵囂時，時間於我已然停止，但對在孟買的人而言並非如此，他們有迫切的問題要與我討論。當我瀏覽收件匣，掃視重要信件時，一封帶標記的電子郵件引起我的注意：「你的烏克蘭簽證已獲批准。護照已準備好，可以從德里領取，或需要五個工作日才能寄達你指定的地址。」

五個工作日？我驚慌失措。

另一位僧人與我原本打算三天後一在孟買降落，就立即飛往烏克蘭。我不能錯過飛往烏克蘭的航班，畢竟是我的精神導師拉達納特大師親自要求我前去參訪。

我立刻起身，開始在內心盤算著。我跑進房子的公共區域，每個人都喝著花草茶、笑著取暖，把羊毛帽和手套放在暖氣片上烘乾。我認為我的想法很妥適，出於禮貌，我詢問一位資深僧人，我是否可以早點飛往德里，去烏克蘭領事館領取護照。從加德滿都到德里的客運加上火車，可是令人筋疲力盡的三十四小時旅程，但搭飛機只需要幾小時，能為我節省寶貴的時間。

「你打算怎麼去？」他喝著熱薑茶問我。

「搭飛機，只需要幾個小時。」我自信地說。

「誰來支付機票費呢？」

我感覺事情不會如我所願。

「嗯……」道場的資金已左支右絀，「我必須去，因為我的護照在德里。如果我不能在明天早上之前拿到護照，就不能及時抵達烏克蘭。」我懇求道。

眾人開始關注我們的談話，靜了下來。

資深僧人放下茶杯。

「我不認為這是個好主意。你可以和我們一起坐火車去德里，幾天後再去烏克蘭。」他語帶權威地說。

我們的機票已經訂好了，然而我就此打住，回到我的房間，讓事情平靜下來。

晚上，資深僧人給大家準備了一場小講座，講述我們所看到的遺址的故事。臨近晚餐時分，我又向他提起了那個話題。去烏克蘭對我很重要。

他站起身，在所有人面前拉大嗓門：「我已經告訴過你，這是不可能的。你怎麼又提起來了？你就那麼沒有禮貌嗎？」他繼續嘲諷我長達五分鐘。

這太丟人了。在場所有家庭都認識我，他們的孩子以我為榜樣，而我卻在這裡遭受公開羞辱。

我走回兩邊都是雙層上下鋪的房間，在三公尺寬的房裡來回踱步。我大口喘氣，並且淚流滿面，腦中閃過一個念頭：怎麼會有人這樣對我說話？我以為我們是朋友！他不明白飛往烏克蘭的航班對我有多重要！

人在憤怒時很容易大發雷霆，當自我被壓垮時，情緒就會失控。我控制住自己，深吸一口氣，默默祈求──我決定按下暫停鍵。

他說的有道理。道場資金緊縮，還向同行的家人要錢是不合適的，我不能就此棄他們而去──這些是我列出來幫助自己冷靜下來的實際原因。有所幫助，但只有一點點。

我閉上眼睛，像倒敘故事一樣，想起在道場的那些年，資深僧人養育我，是我遭遇困難時的朋友，讓我覺得道場就像是家。我認識他這麼長時間，他從未這樣對待我，一直對我投入愛、善意和信任。這樣大發雷霆一點也不像他，是不是有什麼想法困擾著他？

我洗了臉，回到大家聚集的公共區域。空氣聞起來像番茄湯和剛出爐的新鮮麵包，但我一走進去，現場氣氛明顯緊張了起來。

好像什麼事都沒發生似的，我表現得一如往常。資深僧人瞥了我一眼，與我目光交會——我們以這樣微妙的方式表示了道歉和原諒。大家顯然鬆了口氣。我原諒了他，也沒有再討論那個問題。

早上，加德滿都的客運站熙熙攘攘：人們用金屬容器賣茶葉，搬運工推著載滿行李的手推車奔跑，穿著短褲和帶著相機的遊客被想討幾盧比的孩子騷擾，場景與大多數南亞交通樞紐相似。我們乘坐十個小時的客運到達戈勒克布爾，大夥在那裡轉乘火車繼續下一段旅程。

那是客運與火車之間的快速轉乘。我們有臥鋪車廂的票，座位可以變成上中下三層床鋪。看到藍色的鋪位，我很興奮，因為在客運坐了大半天，我的脖子有些痠痛。

我在窗邊坐下，看著火車加速駛過神聖的鄉村。火車行駛大約三十分鐘後，資深僧人來了，鄭重地坐在我身邊。

他握著我的手，淚流滿面，為他對待我的方式道歉，我也忍不住和他一起哭了——我從未見過他如此激動。看到心愛的人難過，我們自然也會跟著難過。我也向他道歉，說自己不該對他施加壓力，他的考量是有道理的。他不接受我的道歉，堅持是自己的錯。事實上，真正的寬恕有助於在朋友間形成更牢固的連結。

幾週後，當我們與所有家人聚在一起參加活動，我們問大家，尼泊爾之行的亮點是什麼。我們原以為會是神祕的寺院、加德滿都的風景，甚至是我們的講座——但這些都沒有人提到。

眾人一致認為，最精采的是見證我與資深僧人之間的友誼。從不愉快的交流到徹底的寬恕，大家對我們之間的深度連結感到驚訝。直到今天，他仍是我最親密的朋友之一。

只有當我們投資在他人身上時，才能指正對方。指正有時很強烈，但我們都是人，犯錯在所難免，情緒也會失控。但是，如果我們對他人的投資極大，如果我們給予他人應有的關心、愛護和欣賞，那麼這些小小的取款就會像細雨，而不是傾盆大雨。這並不意味絕不指正他人，但我們需要學習正確做到的藝術。請容我進一步解釋。

指正是一門藝術

除了其他基本需求，人最大的渴望就是愛與被愛——正是我們的人際關係讓這句話得以實現。然而，令人驚訝的是，我們珍視並牢記在心的關係很容易被忽視與濫用，雖然大多數情況下人們並非有意，而是因為沒有覺察或不知道更好的做法。即使立意良好，以不恰當的方式提供建議，造成的傷害也可能大於好意。因此，我們必須透過練習與反省正確地學習如何「指正」他人。

每當需要指正他人時，請問問自己以下四個問題。

1. 我是指正對方的適當人選嗎？

有則笑話是這麼說的，媽媽都認為世上最好的孩子是自己的孩子，丈夫都認為世上最好的妻子是鄰居的妻子。我們都會對要傷害自己孩子的其他小孩尖叫，但在此不談論那樣的特殊情況。在其他情況下，你會指正別人的孩子嗎？你會指正別人的配偶嗎？大多數時候我們不會這麼做。因此，我們必須思考：我是指正對方的適合人選嗎？還是由其他人來做這件事更適合？我是他的親人嗎？我是他的朋友嗎？我是否有權以任何方式指正對方？如果以上任何一個問題的答案為肯定，請接著往下個問題。

2. 我指正對方的動機正確嗎？

據說人們可以控制生活中的兩件事：欲望和動機。欲望支配著人們想要的事物，而動機告訴人們為什麼想要。很多時候，糾正他人可能是因為想翻舊帳，或可能是對他人懷恨在心，因此想趁此機會糾正，只為了報復，但這不應該成為動機。我們應謹慎評估動機的適當性，以朋友的身分，從想幫助他人避免犯錯的動機出發。出自愛的回饋意見乍聽之下也許難以接受，但若處理得當並產生正確的效果，指正的滋味也能十分甜美。

3. 我知道指正的正確方法嗎？

傑克是電子工程師，需要處理相當複雜的物理問題。白日的工作讓他疲憊不堪、極耗腦力，一個疏忽便可能導致公司損失數千萬盧比，或者更嚴重的是，他將因此被解僱。

那天是星期四，傑克工作有史以來最累的時候。他只想和妻子吉兒一起吃晚飯——正如你現在可能已經猜到的那樣，故事是編造的，但我向你保證，這是有原因的！吉兒是職業廚師，喜歡以自己實驗的新菜色款待丈夫。她很高興傑克能回家，這樣他就可以品嚐自己的創意湯品了。

當傑克回到家時，明顯因疲勞而失去神采。他把公事包扔在地上、鬆開領帶，跟妻子打了招呼後坐在餐桌旁。

「這湯看起來很好喝。」他說。

「這是我研究一整天的特別食譜，想讓你先嚐嚐。」吉兒樂陶陶地說。

傑克拿起湯勺，給自己舀了滑潤的紅湯，並抬頭看著一臉興奮的妻子，注視著她的一舉一動。她替他拿起小湯匙，然後雙手撐在下巴，手肘靠在餐桌上，身子前傾。傑克喝了一口。番茄不錯，辣椒不錯，鹽不夠，湯很淡。

在這種情況下，你會怎麼做？你剛剛度過了糟糕的一天，你會如何告訴妻子她廚藝不精？

謝天謝地，傑克當場「設計」了一個計畫。他從餐具抽屜裡又拿了一支小湯匙，笑著說：「好久沒餵妳了，來試試。」然後餵了妻子一口湯。

「哦！我忘記放鹽了！」她跳了起來，自己得出結論。

傑克大可直接以不友善的話批評妻子的湯，但他選擇帶著敏感度給予指正。人通常是有彈性的，足以面對自己是錯的，但前提是要以愛指出他的錯誤。直言不諱與辱罵會讓雙方筋疲力竭，收到回饋意見的人會在一段時間後關閉接收訊息。正如常言道：「重要的不是說什麼，而是怎麼說。」我們說話的語調、肢體語言與臉部表情，比使用的詞語本身更重要。

4. 現在是指正的好時機嗎？

我生命中最帶有諷刺意味的時刻，發生在倫敦市中心的蘇活廣場。當時，我剛結束一場一小時的演講，主題是關於克服吹毛求疵的習慣。

演講結束後，有個人走過來對我說：「謝謝你的演說，但我真的不喜歡。」我坐在那裡驚呆了，因為他細數了他為何不喜歡我的演說和傳達的內容。如果傑克因為太淡的湯而厲聲尖叫，我的感覺就和吉兒可能會有的感受一樣。在我傾盡全力演講之後，有人立即給我嚴厲的指正，這真是太可怕了。或許我的演講真的糟透了，但這人就像錯過班機的乘客一樣，完全搞錯時機。如果他過幾天才跟我說這些，我們兩個都會處在比較好的心理狀態。我們不該只是宣洩自己的怒氣，而是要好好解釋憤怒的原因。當我們表達內心感受時，得冒著不愉快的風險這麼做，但當我們花時間向人們解釋自己的情緒時，對方可能會同理我們。原則是：**情緒在沸點時無法給出好回饋**——選個更好的時機吧。

在給予他人指正前，先花時間問問自己這四個問題，可以改變一個人的人生。由於各種情況皆可能發生，想深入理解每個問題的意義，就需要與比自己更有經驗的人一起思考、討論。

如同沒有放諸四海皆準的方法，我們的指正方式也無法一體適用。大原則是通用的，但取決於事情的嚴重性與我們和他人的關係，過程可能因情況而異，就像我們不會像對孩子一樣糾正配偶。

「這需要一些時間練習才能養成習慣。」哈利說道，同時目光從方向盤上移開，看了我一眼。

「你說得對，」我點點頭，「擁有知識並不等同於精通了這項技能。給出糟糕回饋會讓人上癮。正如吸菸者知道香菸會致命仍繼續吸菸，我們與他人的互動模式也會成癮。我們知道自己什麼時候會粗心大意，但習慣將使我們繼續以特定模式行事。」

哈利的表情又變回了我早些時候在這趟駕車之旅看到的模樣。他的臉沉了下去，呼吸也慢了下來。

「當我從辦公室回家時，通常會有壓力，」他低聲說，「我和故事裡的人不一樣，我真的會因為一些瑣事大發雷霆。我沒有意識到這所有微小的蔑視行為，都可能導致那天晚上發生的事。拉麗塔與我為了一些我現在都記不住的小事大吵一架。爭執到了情緒最高點，她對著我尖叫說要離婚！離婚？我們在一起經歷了這麼多，她怎麼會想離婚？」此時，哈利在自言自語，擾動內在的情緒。「如果離婚了，家人會怎麼想？朋友會評判我嗎？我想，對小事粗心大意真的會致命。但我真的很愛她，我知道自己需要改變，但我該如何原諒她說出如此殘忍和傷人的話呢？」

又是一個充滿情緒的問題，我心想。

從車窗往外看，我們正好經過一對對牽著手、沿著海岸線散步的情侶。

「讓我告訴你一件更糟的事。」我說。

重點總結

◉生氣時說話會破壞關係，因此應盡量避免。

◉如果我們需要指正他人，應該在這樣做之前，先向對方投資大量的讚美與信任。

◉想想我提到的尼泊爾的故事。我得以處理情感上受到的傷害，是因爲我意識到，指正我的人在過去爲我做了多少。

◉指正他人是一門藝術，包含了四個原則。請自問：

1. 我是指正對方的適當人選嗎？
2. 我指正對方的動機正確嗎？
3. 我知道指正的正確方法嗎？
4. 現在是指正的好時機嗎？

◉要順利實踐這四項原則需要時間，因爲有失敏感度的指正，已是讓許多人上癮的積習。

11 寬恕

寬恕是複雜的概念，必須徹底了解才能內化。

黑暗不能驅除黑暗，唯有光明能；仇恨不能驅除仇恨，唯有愛能做到。

——馬丁．路德．金恩

在孟買開車，不可能看不到隨處可見的廣告招牌，每隔幾分鐘，就會看到一種新產品，**必須**購買才能在社會立足。

這讓人再也無從留下想像空間。看看跟飲料相關的各色廣告標語——從「全新體驗」到「極致口味」，精準地表達出大眾期待什麼。這反映了我們的社會習慣一針見血，卻失去了品味幽微之處的能力。

「我們行銷產品的方式，反映了我們對整體人類看法的變化。」我告訴哈利，「我們不再理會人際關係的錯綜複雜與幽微之處——只根據人的目的或用處看待他人，人際互動就由這種意圖驅動。同樣地，我們也以相同的方式來思考如何行銷產品。」

哈利臉上混合了好奇與「你在說什麼？」的表情。

「人們生活在快速解決問題與需求的世界：加熱即可食的微波食物、連上網隨時可觀看電影。立即安排旅遊行程？沒問題！用手機即可預訂去任何地方的機票。但可悲的是，人際關係不是這樣運作的。經營人際關係的原則與栽種植物相同：需要不斷照料，總有一天會開花。沒有捷徑，一切都在微小而一致的親手澆灌中。而最廣泛被低估卻能幫助我們改善人際關係的特質，正是寬恕。」

「要是原諒一個人就像切換頻道一樣容易就好了。」哈利說，「總有一部分的我無法忘記人們對我做過的壞事，一段時間後就很難相信他們了。」

「寬恕很難訴諸理論。有點像鹽巴——只在沒有的時候才會知道！」我笑了，而哈利的反應讓我覺得這則笑話更好笑了。

「寬恕能溫暖人心、撫平刺痛。這是我們每個人都必須為自己做出的選擇，以挽救我們的人際關係，並獲得心靈的平靜。在練習寬恕時，我們應該記住以下幾點。」

跳脫情境

古代東方的經典故事讀來不僅令人興奮，也給我們上了實用的道德課。

事實上，我在生活中運用的大部分準則，要麼基於這些神聖的文本，要麼是來自以這些經典為生的人的親身經歷！這類古文本之一是《羅摩衍那》，書中記載了羅摩王子的傳說故事，他因繼母凱克伊自私的政治動機，而被流放到遙遠的森林長達十四年。然而，他並不是孤身一人。在他放棄王位時，他摯愛的妻子悉塔和忠心耿耿的弟弟拉克斯曼，都心甘情願地陪著他。

在他們流浪數年後，有一天，悉塔看到一隻不尋常且全身發光的金鹿在嬉戲。她被牠的美麗給迷住了，並懇求羅摩為她捕捉。羅摩很高興為她這樣做，於是出發去找金鹿，但離開之前，他鄭重提醒弟弟拉克斯曼在他不在時看顧好悉塔，誰知道森林中隱藏著什麼危險！

就在這時，一道聲音在森林裡迴盪：「悉塔，救救我！」森林的寂靜吞沒了那聲音。「拉克斯曼，求求你，快來人幫幫我啊！」那個聲音第二次喊道。拉克斯曼和悉塔都很困惑。

一開始，他們倆心有靈犀地直覺想到：這聽起來像是羅摩的聲音，但他以前從未這樣呼救過。殊不知，羅摩追趕的金鹿正是惡魔瑪利伽裝扮的。英勇的戰士羅摩真的有麻煩了嗎？

「拉克斯曼，去救他。你必須幫助你哥哥。」悉塔命令拉克斯曼快去救人，但無濟於事。拉克斯曼知道羅摩不會有事——他才在森林裡毫不費力地擊敗了成千上萬的惡魔，一隻鹿哪能傷害他分毫？「你有責任去！」悉塔驚慌失措。想到自己所愛的人處於危險之中，就會讓人內在情緒滿溢。

「我哥哥可以保護自己，」拉克斯曼說道，凝視著黑暗，蛇在滑行，各種有翅生物飛過，「但妳不能。我的職責是保護妳。如果我把妳一個人留在這裡，妳很容易就會被潛伏在黑暗中的任何東西傷害。若是這樣，羅摩永遠不會原諒我的。」

熟悉這個故事的人，都知道此刻潛伏在黑暗中的危險。拉克斯曼來回踱步，就像宮廷衛士。但這不是宮殿，而是一座用潮濕泥土堆砌起來的草屋，任何人都可能在這裡打轉。

「這裡地處偏僻。」悉塔爭辯，「我命令你、我下令，我求你去救你哥哥。我有一種預感，他真的身處在危險之中。」動用職權是爭論時最後的權宜之計，但人在痛苦之下什麼話都說得出口。在沉默之中，幾分鐘又過去了。

「請幫幫我！有沒有人啊！」遠處又傳來一聲喊叫。

「那是你哥哥在向我們求救！你怎能什麼都不做呢？」悉塔尖叫道，「我懂了，現在羅摩不在了，你以為可以獨享我。你想要整個王國都屬於你自己一個人。」悉塔知道這不是真心話，忠心耿耿的拉克斯曼願意為羅摩做任何事，但她想要為自己的痛苦焦慮做出反應。

拉克斯曼悲傷地低下頭，凝視腳邊的沙子。他一生盡心服務的人對他提出莫大的指控，他的心都碎了。

「請去救你哥哥。」悉塔再次懇求，這次態度比較溫和。

拉克斯曼確保悉塔的安全後，就跑進森林找羅摩。

在寬恕的背景脈絡下，這一段故事情節特別強勁。悉塔用她嚴厲的話語之箭刺穿並傷害了拉克斯曼的心，而在日常生活中，你可能會發現自己既是悉塔，又是拉克斯曼；有時是拉弓放箭的人，有時是遭受攻擊、批評的人。但重點是留意客觀的看法。

悉塔的話與事實不符，她對丈夫的弟弟做出不實的指控，是她心思不夠細密敏銳。但如果我們得以跳脫情境，也就是跳脫她**說了什麼**，或許就能明白，她**爲什麼**會說出這句話。

悉塔正在經歷個人的內在動盪。

當她揣測深愛的丈夫可能正在受苦，情緒自然激動不已。我們都曾遇過同樣的情況，理智被情感所蒙蔽。在那種時候，為了讓自己的內心得到平靜，什麼話都說得出口。

我們都知道，在盛怒之下忍得了一時，可避免在未來後悔一千次，但人在極度痛苦時，通常還是會忍不住胡思亂想。

為了個人成長，我們應該在接受考驗時保持平衡。當有人傷害我們時，應該嘗試超越現狀思考：「他們受了什麼苦？他們是以什麼樣的心情，說出這樣的話？他們會對我說這些話，是不是生活中剛好發生了更複雜的混亂事件？」這不是要你支持別人發表傷害人的評論，而是要看到他們正經歷些什麼才會做出這種評論。這正是同理心，是寬恕的重要成分。

將事件與人分開看待

有句話是這麼說的：「棍棒與石頭可能會打斷骨頭，但言語永遠傷不了我。」然而，這與事實相去甚遠。

身體暴力是武器造成的，情感暴力是言語造成的；言語會留下看不見的傷疤，需要數年甚至一生去療癒。

讓我把你的思緒帶回到尼泊爾，回到喜馬拉雅山腳下，以及我最親密的朋友的故事，他曾當著所有社群成員的面對我厲聲指教。我不得不去烏克蘭的原因是為了鼓舞那裡的奉愛團體，我的護照卻困在新德里的烏克蘭領事館。朋友的猛烈抨擊使我受辱，我回到自己的房間，心煩意亂。

之後在我房裡發生的事，與此處提到的觀點有關——我能夠從憤怒轉變為寬恕，是因為我記得將事件與人分開看待。當然，這項原則並非適用於所有情境——尤其是關乎社會正義時，之後會進一步討論——但在大多數的人際往來中，這麼做會帶來奇蹟。當人在某件事上失敗——無論是考試還是戀愛——可能會認為自己是個失敗者。但僅僅因為一生中失敗了一次甚至不只一次，整個人生就全毀了嗎？

同樣地，只因某人在極少數情況下讓自己失望，就該像對待失敗者那樣對待那個人？不是該將這次失誤視為單一的獨立事件嗎？人人都在大眾看不到的地方經歷著各種挑戰，而這需要透過同理心的鏡片才能看清。

這並不是說應該容忍他人的虐待，或不在別人犯錯時合理糾正，而是為了練習寬恕，我們必須學會將事件與人分開看待。

要將人與問題分開來看，可以從描述事件的用語開始。

- 說「這是**我**的問題」會產生內疚，長久下來可能導致自卑感，開始認為是自己在應對各種情況時不夠強悍，因此可能在問題發生時變得鬱悶。
- 說「這是**你**的問題」會產生憤怒。有多少次我們用食指指著別人說：

「這是你的問題，不是我的。」我從未見過有人在平靜的心態下說出這些話。責備他人只會導致憤怒的惡性循環。

- 說「這正是**問題**所在」能將問題與關係人分開看待。這種區別方式不僅使我們能原諒他人，也有助於有效地處理問題。

將注意力放在更高的目標

在為寬恕打好底子後，我認為哈利已經準備好聽我答應要告訴他的故事了。

在我看來，故事中這對夫婦的處境要比哈利和拉麗塔艱難得多。然而，人與人之間的苦難是難以相比的，這也是我避免這麼做的原因。就像我分享過的許多故事一樣，這起事件也發生在我旅行期間。

我經常出差，有時早上在清奈演講，晚上已經在加爾各答舉辦講座；昨天還在美國加州，今天已經在南非開普敦。

我很自然地感受到與眾多不同社群的聯繫，結識了來自全世界各式各樣的人。其中一個社群就是故事的起點。我經常去那裡，因此為了保護所有相關人士，在此不會提及真名實姓。

我剛剛打開行李箱並整理完畢，會在這個房間待上一星期，這對我來說是很長的一段時間了。

通常，我靠著一只手提箱的物品就足以過活，因為我就像牧羊人一樣，一直在尋找新地方來傳遞正向訊息。我盤腿坐下，正準備開始晚間靜心，這時，一個男人衝進房間，眼淚撲簌簌地掉在木地板上。他滿溢的情緒讓我震驚，我立刻跳了起來，膝蓋發出咔嗒聲響。

「她欺騙了我！」他驚呼道。

我關上房門，拉上百葉窗，直覺要我給他倒些花草茶。我媽媽常說，當一個人不開心時，花草茶的暖意和朋友的話語，皆有助於療癒人心。

他和我一起坐在地上。「她欺騙了我……」他喝了一口洋甘菊茶，又說了一遍。

我和這個人是二十多年的好友了，還參與了他部分的婚禮活動，並為他的家人提供諮詢，度過了許多風風雨雨。我從沒想過他會說出這樣的話。

他是工程師，有個被期待繼承父業的十七歲兒子，住在一間三房公寓裡——一個普通的社會士紳，從事著尋常的工作，卻陷入了不尋常的境地。

「發生什麼事了？」我握著他的手問道。

他溢滿淚水的氤氳雙眼像熱浪中的空氣般滾動，回望著我的眼睛。

「昨天，我查看妻子的手機，想知道晚點參加婚禮的地址，卻看到了一個男人發來的多則訊息。」他提到了那個男人是誰——他是他們社群的高階管理成員，擔任重要的領導職務。

「起初我沒多想，畢竟他負責聯繫很多人，邀請大家一起工作。但是當我往下查看訊息內容時……他們不是無辜的。我甚至不能告訴你我讀到了什麼。而她也有類似的回應。」他的眼淚滴在不冷不熱的茶裡，顫抖著上唇說，「就在那一刻，我妻子走了進來，看到我在看她的手機。從我的眼神，她知道我知道了。

「『這到底是怎麼回事？』我毫不猶豫地直接問她。我決定先溝通並釐清發生的事，而不是立即做出結論。我的妻子停頓了一下，然後向我走來。

她說：『這幾個星期以來，我一直跟他傳訊息。對不起。我不知道我怎麼了，一開始真的沒什麼，他有些工作需要人幫助，但後來越聊越多。』」

他的妻子有個很讓人佩服的地方，就是她一直很實際和誠實。

他繼續說道，「我問她，『你們倆見過面和……』但她打斷了我，說：『不，當然沒有，我們從未見過面。』」

他們未發生更進一步的親密關係，但即使如此，我可以看出這件事給他留下情感上的傷疤。有時，最深的傷口正是由最親近的人造成。在這之後，他怎麼還能相信她？他怎麼可能原諒她？她以前也做過這樣的事嗎？我看得出這些是折磨他心靈的想法。

我也認識和他妻子一直傳訊的那個人。事情曝光後，他被要求下臺，因為一個領導者不僅要為社群服務，更必須以身作則，即使他表示自己從未與這個男人的妻子發展出更進一步的關係。

「遇到這種情況，我該怎麼做呢？」男人問我。

我給他倒了第二杯花草茶。

「我怎樣才能再次信任她？」

又是那個危險的問題：**該怎麼做**？

我不是任何人的導師。每個人都必須自己做出選擇，沒有人應該**告訴**我們該怎麼做，但好的建議確實能為個人成長帶來很大的幫助。

考量到這一點，我問：「你愛你的妻子嗎？」

「毫無疑問。」他說。

「那麼，在做出任何決定時，你應該始終牢記這一點。但現在，你只有兩個選擇。」他稍微冷靜了下來。

「你想選擇正義，還是寬恕？兩者都可以，但必須由你做出選擇——正義可能會讓你失去婚姻，且這個消息可能會公諸於世，毀掉許多人的人生。如果正義是你需要的，那這麼做沒問題。人們有能力判斷什麼是他們可以接受的，什麼又是不可接受的。」

他開始專注於他的優先考量，「我不能離開她。我們有個十七歲的兒子，他會心煩意亂。我們家過去從未發生過這樣的事。我真的很難過，我以為我們的關係比這還要牢固……」

「那你就得原諒她，就算是一時的。你願意再給她一次機會嗎？」

「我怎能原諒呢？每次看到她，我就會想到她對我做了什麼。」

「寬恕意味將注意力放在更高的目標。去年我來訪時，你不是告訴過我，她是你兒子最好的母親，她給了他如此多的關心、奉獻和愛嗎？專注於將你們結合在一起的更高目標。現在決定離婚，你兒子會很傷心的。除此之外，如果她肯彌補過錯，給寬恕一次機會。儘管不忠是最難原諒的事，但仍無法與出於更高目標的關係相提並論。我們是想要爭對錯，還是為了更高的目標而協調一致？」

「我需要時間做決定。」他說。

我給他倒了第三杯花草茶。

「三」可是個好兆頭！我心想。

「你需要多少時間就花多少時間。時間可以療癒一切，在對的連結與指引之下，時間會帶來清明。關係會在困難時期受到考驗。一切順利時，接受某人很容易，但在分崩離析中還能堅定地在一起，正是對一段關係的真正考驗。愛正是當我們有充分理由分手時沒有選擇離開。」

我們再談了一會兒，之後我向他介紹另一個概念——寬恕和正義的不同。

正義VS.寬恕

有些精神領袖會建議人們在任何情況下都要寬恕。雖然這聽起來像是最平和的方法，但有時弊大於利。

長期以來，性暴力一直是全世界普遍存在的嚴重問題，施暴者有時甚至逍遙法外。

二〇一二年十二月，當我讀到有關一名二十三歲的女性在印度新德里被殘忍地性侵數小時，然後被六名年輕男子拋棄的報導時，感到十分震驚。

在襲擊發生後的幾天裡，報紙詳細描述了可怕的案發過程。她最終沒能活下來。這起事件震驚了整個國家，並激起國際社會對印度婦女待遇的廣泛譴責。我對全國各地發起的抗議活動並不驚訝。人們希望為這名年輕女士伸張正義，並在法律上進行改革，讓女性感到受保護。

問題是：我們應該原諒那些性侵二十三歲女學生的人嗎？

在《薄伽梵歌》這部經典中，阿周那向尊神克里希納請教類似的寬恕困境。哈斯蒂納浦爾發生了一場戰事，也就是在今天的新德里一帶。阿周那的堂兄弟對王國施以暴政與諸多不道德的行徑，經過數月的和平談判，最後的解方唯有一戰。這場戰事發生在五千年前，嚴格遵循戰場的行為準則：戰爭只發生在軍隊之間，不波及平民。

在《薄伽梵歌》中，阿周那是和平主義者，他試圖說服尊神克里希納，最好的辦法就是不要發動戰爭。「既然能避免一戰，何必流血？原諒那些犯下罪行的人不是更好嗎？」阿周那說道。但尊神克里希納完全不同意他堂兄弟的所做所為，並與阿周那分享關於社會正義的智慧。

在個人層面上，我們可以原諒傷害自己的人，這是個人選擇，我們可以為自己做出決定；然而在社會層面，令人髮指的罪行如果不受懲罰，可能會造成嚴重的破壞性結果。允許違法者逍遙法外，將對社會造成毀滅性的影響。因此，尊神克里希納鼓勵阿周那舉起弓，因為在這種情況下，挺身一戰才是正確的做法。

同樣地，犯下性侵罪行的人應受到法律的制裁。在這種情況下，以寬恕為名的行為無助於社會進步。如果不拘留或懲處這些罪犯，你能想像這將對社會大眾發出什麼樣的訊息嗎？寬恕的原則與社會正義的原則相輔相成，需要智慧與深省才能了解如何靈活運用。

我和哈利在車裡度過了氣氛緊張的幾分鐘。寬恕的概念晦暗不明，十分複雜，也很難理解，但我看得出哈利正在努力接受。我向哈利解釋：「人際關係的議題深植於靈性。如果能理解如何與人在靈性層面上相處，就能超越個人分歧。」

重點總結

◉寬恕是一種深層且往往難以理解的價值觀。

◉我們應該了解的關於寬恕的原則是：

◎跳脫情境：如果我們被某人的話傷害了，試著理解他爲什麼說這些話。當人們對我們態度嚴厲，大多時候是因爲他們也在受苦。這是同理心。

◎將事件與人分開看待：與其說「我錯了」或是「你錯了」，被內疚或憤怒影響，不如排除「我」或「你」，先處理出錯的「事」。

◎將注意力放在更高的目標：試著問問自己，能否基於更高的目標來寬恕他人。例如，在我分享的故事中，丈夫原諒了妻子，因爲他愛她，而且他們對社群與兒子負有責任。但確實，這種方法需要支持與時間，改變並非發生在一朝一夕。

◎正義VS.寬恕：在個人層面，我們可以原諒錯待自己的人，但在社會層面，應該要以嚴格的正義來創造有秩序的社會。任何人都不該以寬恕的名義違法並逍遙法外。

注意：為了幫助你在自己的生活中寬恕某人，請完成〈附錄一〉的「寬恕工作表」練習。

12 人際交往的重要

當我們的關係包含靈性層面時，會變得更加牢固。可以透過三種不同的方式與人成為好友。

事實就是，我永遠無法了解你的一切，如同你永遠無法了解我的一切。人類過於複雜，無法完全被理解。因此，我們可以選擇以懷疑的態度待人，也能選擇以開放、樂觀和坦率的態度待人。

——湯姆・漢克斯

沒有人際關係的生活是難以想像的。

人際關係的原則普遍存在且引導我們生活。如果沒有其他人可以分享，生活會變成怎樣？因此，我們必須學會如何正確地與人相處。雖然這種技能很少在學校傳授，但已經記載在古代經典裡數千年了。

「人的連結關係」在梵文中稱為「sanga」，對於我們在這個世界與其他地方的成功至關重要。有句著名的英國諺語說：「你可以透過他們所結交來往的人，認識一個男人或女人。」

有則關於「連結」的有趣故事是這麼說的。

工業時代之前，村裡的男人都必須早上出外洗澡，因為那個年代的印度房子裡沒有洗手間。有天，一個男人洗完澡、起身穿上纏腰布後，轉身看了看說道：「噁心！我這麼帥，簡直不敢相信身上會出現如此令人厭惡又骯髒的東西。」讓他驚訝的是，那東西反駁他說：「你是在說我嗎？昨晚我可是美味的印度炸咖哩餃，看看和你往來幾個小時後，把我變成了什麼模樣！」

與人的連結可以提升或拉低個人狀態。

我在此談論的「與人連結」，並非指一般的日常互動。在日常生活中，我們出於必要需要與許多人互動，但他們不一定會對我們產生好的影響。在這些不得不進行的互動中，大部分是中性的交流，很少對我們造成傷害。「連結」則超越了中性的「日常招呼」——這涉及了我們與他人之間的親密程度。

以下這段關於人際關係的古老梵文，描述了六種能在人際交往中建立親密關係的交流方式。

dadāti pratigṛhṇāti
guhyam ākhyāti pṛcchati
bhuṅkte bhojayate caiva
ṣaḍ-vidhaṁ prīti-lakṣaṇam

給予與接受禮物、敞開心扉並以信任探詢、分享與接受食物，這六種交流得以建立充滿愛的關係。

這六種交流大致可分為三項原則。

・第一項原則——dadāti pratigṛhṇāti——意思是給予與接受。人際交往中的親密始於給予與接受。例如，我們可能會允許某人使用我們的車子或邀請他留宿，或者在現代，我們會與人分享一些更有價值的東西，像是Wi-Fi密碼！而這個人可能會回禮，並在未來回報這份人情。我們不會與隨機遇到的任何人交流物品與設施，這只會發生在親近的人或我們想親近的人身上。正是這些在日常互動額外付出的努力，讓我們得以與他人培養出親密感。

・第二項原則——bhuṅkte bhojayate caiva——大意是「彼此交換食物」，將我們的連結提升至新的層次。我們可能會說：「今天中午你何不來我家吃午餐？」在印度，有家非常受歡迎的咖啡店，他們的標語是「喝咖啡可以發生很多事」。這是真的——分享食物確實發生了很多事。當我們一起撕開麵包，會產生深厚的情感關係。親密關係將隨著分享事物和美食變得更深入。在用餐與那些輕鬆的時刻，我們分享了很多愛，這將引領我們來到第三個原則。

・第三項原則——guhyam ākhyāti pṛcchati——意味我們開始自信地表露自我，並自信地傾聽對方表露自我。當有人向我們傾訴心聲，我們不僅是在理解對方的觀點，也將在潛意識中受到他們的價值觀與信念影響。

因此，親密交往超越了日常的必要互動。從分享事物開始，然後分享食物，最後分享思想、價值觀與信念。

讓我為你舉個例子，解釋一個人是如何受他人影響去做吸菸這類的事，即使知道這會致命。

假設大學裡有個不抽菸的年輕學生，但他和一個抽菸的人是朋友。最初，他們一起做些必要的事展開了互動，例如在實驗室做實驗、分享筆記等。慢慢地，兩人的連結開始更緊密。他讓朋友騎自己的自行車去鎮上另一邊的學校上課，而朋友則讓他用自己的筆電做作業作為回報。在此該注意的是，這種共享不是商業交易，而是本著幫助朋友的精神。不知什麼時候開始，兩人開始一起吃午餐，友誼變得更加深厚。你猜，怎麼了？他們從不談論吸菸。那麼，不吸菸的人如何受到吸菸者的影響呢？這是在潛意識中發生的。不吸菸的學生並沒有認可吸菸這項行為，但他對吸菸朋友的自信與自尊等價值觀給予支持。吸菸可能只是不知不覺的結果。

因此，**談到親密交往時，我們指的是在潛意識中共享價值體系，這最終將影響我們選擇的生活方式。**

這就是為什麼俗話說：注意你的想法，它們會變成話語；注意你的話語，它們會變成行為；注意你的行為，它們會變成習慣；注意你的習慣，它們會變成性格；注意你的性格，它會變成命運。

一切都始於「想法」。

車流在孟買緩慢前進，但至少我們在前進。

我們正在海灣中的美麗禮拜場所，哈吉·阿里清真寺附近。遠處的人們匆匆穿過通往白色大理石建築的橋，經過清真寺後，來到哈吉·阿里集市或十字路口。身處其中的我們，也覺得自己正如隱喻地出現在這裡。

哈利正處於人生的十字路口，懷疑他在人際關係中所做的決定。有這種感覺是很**正常**的，**世界的本質就是會讓人感到不安**。

我們的談話被哈利放在車門置物空間裡的手機震動給打斷了，他不想分散注意力，因此沒看清楚來電就直接掛掉電話。

「如果你想，你可以接電話。」我說。

「你確定嗎？」他回問道。

我點了點頭。

他檢查通話紀錄，「哦，是拉麗塔打來的……在我們討論了這麼多之後，也許我該回電給她。」他尷尬地說。

「當然。」我笑著說。

他撥出電話，將手機放在耳朵和肩膀之間，雙手再次放在方向盤上。

「哈囉，妳在嗎？」他重複了很多次。

「嗨……我要去……我很好……應該快到家了……和你媽媽一起。」另一邊的聲音響亮地重複著，足以讓我無意中聽到。

「訊號不好，」哈利對我說，「她在某個地方。我不知道在哪裡，但她和我媽媽在一起。應該沒問題。」

當時我並沒有多想，但後來證實拉麗塔去了一個很重要的地方，雖然很久以後我們才知道她去了哪裡。

「我們聊到哪兒了？」哈利很快地轉移話題，「喔，談到人際關係和與人的互動。我知道和拉麗塔在一起有很多事情能做，但回家時我往往帶著很大的壓力，它們大部分來自工作。工作環境中的互動關係是很奇怪的，我必須和同事合作，但也想出人頭地。我該如何處理工作中的互動呢？」

我告訴他：「我知道你每週工作超過四十小時，但讓我告訴你一個有趣的事實：假設一個人一年有兩週年假、每週平均工作四十小時，從二十歲到六十五歲，一共將工作九萬個小時。那是很長的時間，因此最好學習如何以正確的方式最有效地運用這些時間。」

現在是時候解釋人生的第個三輪子了。

重點總結

◉人與人之間的連結是十分強大的，足以提升或拉垮我們。

◉許多中性的互動是爲了日常所需進行的交流，不會對我們造成太大的影響。

◉親密的交往是透過事物、食物、思想、價值觀與信念體系的交流建立而成。我們的生活方式受到他人價值體系的影響更多，而非對方的行爲或習慣。

— 第三個輪子 —

工作生活

13 競爭的十字路口

在工作中，我們經常與他人比較、競爭，而非與自己。

對我來說，成為墓地裡最富有的人並不重要，但晚上睡前對自己說我做了很棒的事……非常重要。

——賈伯斯

我們剛經過哈吉．阿里的十字路口，離道場越來越近，離原定的集會時間也遠遠遲到了兩個多小時。沒有必要恐慌，路上的交通狀況遠超出我能影響的範圍。

四周全是司機們的喧鬧與咒罵聲。

「看看摩托車、汽車和計程車司機，看來塞車真的會讓人很生氣。」我說道，「每個人都想超對方的車，一旦做不到，就會生氣。」

「就像我的工作場所。」哈利插話道，「正如我所說，我需要與職場的人和平相處，因為大家要一起完成專案，但競爭的氣氛難免。我怎樣才能擺脫這一切呢？」他停下來想了一會兒。

「我會忍不住想競爭，因為如果不這樣做，就永遠得不到夢寐以求的晉升機會。我可不是來公司做義工的，我有帳單要付！」他笑著說。

「我能理解你的處境。這問題不只存在職場，也存在生活各領域，學生、專業人士、夫妻，甚至僧人，都一樣！我們必須重新定義競爭的心態。」

我開始向哈利說我的故事。

惡性競爭

記得很多年前，我大學時曾為了社團的年度表演參加歌唱試鏡。不是什麼重要角色，但朋友鼓勵我參加，因為他們覺得我唱歌很好聽。當我走上舞臺，聚光燈照在身上，三位評審委員準備為我評分。有傳言說我很可能會拿下這個角色，但我並沒有太在意。麥克風架在舞臺中央，我拿了起來，唱起了那個夏天寶萊塢的熱門歌曲。請記住，那時我還不是僧人！音樂從揚聲器傳來，我開始唱歌。

「停、停、停……」一位擔任評審的工程學教授舉起手說，「你喉嚨裡是不是有什麼東西卡住了？喝點水，重新來過。」

我很困惑，我的喉嚨好得很，但我還是喝了一些水以確保做足準備。音樂再次響起，唱到一半他們就一臉失望地打斷了我。

「今天運氣不好。」我想，但我盡力了。有點心灰意冷的我回到家，準備重新專注在學業上。

但不到一週，我就知道究竟發生了什麼事。

控制麥克風設備的工作人員在大學公用浴室走過來對我說：「上週你沒能得到那個角色，我非常難過。」

「你為什麼要難過？」我邊問邊洗去手上的肥皂。我幾乎不認識這個人。

「嗯……有人付錢要我調整音響設備，讓你的聲音聽起來很糟糕。我整個星期都良心不安。」他盯著地板說。

「什麼？」我震驚地回道。

「對不起。如果你想要，我可以向評審委員報告這件事，看看能做些什麼……」他態度卑微地說。

「不、不，沒關係，反正我也沒時間。但謝謝你告訴我。」我邊說邊用紙巾擦乾手。然後他走出了浴室。

我簡直不敢相信。為什麼有人要搞砸我的試鏡？那沒什麼大不了的啊，表演活動又沒有獎金、獎盃或加分。身為學生，學習是我的首要之務，所以我決定既不與評審委員爭辯，也不與拿下那個角色的男學生起衝突。見識過他好勝心醜陋的一面，我確實對他更加懷疑了。

「是什麼讓他如此好勝？」我邊想邊走向教室。

嫉妒心

我想到有個原因是他可能嫉妒我。當一個人因為想要像別人一樣或比他們更好，而對他人懷有不良的情緒，但並未將這種情緒付諸行動時，就稱為羨慕。儘管這種情緒在內心折磨著人，但仍能保有自制力，不會傷害別人。然而，當一個人真的受這種感覺驅策而採取行動時，羨慕就會化為嫉妒。嫉妒是導致與他人競爭的根本原因，人在這種情況下，一點也不介意不擇手段地取代別人的位置。

不受控的野心

我能想到的另一個原因是人總想成為最好的，有時甚至不惜一切代價。當資源有限而人數眾多時，競爭是自然而然的結果。這在生活各個領域，從音樂到運動，甚至在其他物種之中都存在。競爭是種趨勢，幾乎在自然界每個生態系統裡都會發生。

但人類不僅僅是另一個物種。我們有能力合作並認同更高的價值觀，如和諧、忠誠與信任。正如在生態系統中，同物種間的競爭更加激烈，在人類群體的內部環境裡，同公司或同活動領域內的競爭也會特別激烈。

人會與具有相同能力或人生觀的人競爭：工程師會與工程師競爭，音樂家會與音樂家競爭，醫師會與醫師競爭。

當另一個人的技能對我們的生活沒有影響時，我們很少會感到受威脅；但如果有人在我們渴望做的事上做得更好並超越我們，那麼基本的競爭趨勢就開始了。

這也讓我想到其他領域的惡性競爭行為。

運動領域的競爭

每項運動都有競爭的成分，將自己推向極限是種樂趣。但當賭注太大時，獲勝能得到的聲望與獎賞可能會完全蓋過「盡力而為」的道德約束，部分運動員甚至會為了獲勝使出不光彩的手段。無論是在足球比賽中過分誇大所受的傷，還是在板球比賽中破壞球面，使板球在擲飛的過程中更容易產生晃動而難以擊中。[4] 相信很多人都見過運動員為了短期利益不顧得之不易的名聲，甚至賭上運動生涯，鋌而走險，只為獲勝。

商業領域的競爭

除非已在特定領域高居壟斷地位，否則公司幾乎總想爭奪最大的市占率並成為該行業中的主導者，畢竟資本主義社會是以增加利潤與擁有更多為前提。由純粹的野心驅動的競爭力很好，然而，當野心越過道德界線成為貪婪，即使是知名企業，也可能為了爭奪最大的一塊蛋糕陷入醜聞。

政治領域的競爭

政客有時會散布流言來影響選民，在投票日脅迫選民、威脅對手，甚至暗殺候選人，而不是依功績或實力競選！這是不道德的競爭行為。

職場的競爭

運動、商業或政治界的競爭，對許多人而言相當遙遠，但工作場所的辦公室政治與競爭，相信大部分人都經歷過。

流言蜚語、背後捅刀、散布謊言和故意不與同事合作，都是為了爭上位的不健康競爭形式。

我想起一個辦公室政治的極端事件——我朋友傑敏的故事。

傑敏曾在一家享譽國際的時尚雜誌擔任攝影師。

在孟買的辦公室，每個攝影師都有自己的團隊，一人負責燈光與服裝、一人負責造型。傑敏和團隊配合得很好，每個人都發揮了自己的作用，創造出難以置信的好作品。

直到他發現造型師私下在盤算著什麼。

表面上，造型師看起來態度友善且配合，但她其實有著濃厚的嫉妒心，

---

4 譯注：板球的比賽用球爲木製，球體本身十分沉重，投擲出去理應飛得很穩。有些球員會故意用釘鞋刮踩或甚至用咬的破壞球面，讓球在擲飛過程中變得不穩而晃動，以干擾對手擊球。英文稱作「ball tampering」，意卽用不正當的手段改造球。

想取代他成為首席攝影師。

一起工作幾個月後，傑敏開始注意到她奇怪的行為舉止。到了預定的拍攝時間，她會故意遲到；如果他想讓模特兒呈現某種風格，她會無視他的要求，並以不同的方式為模特兒打扮。

這還不是最糟的情況。

有次拍攝結束後，傑敏正在辦公桌前編修剛拍好的照片，一個職員走過來對他說：「先生，人資經理想見你。」

「有什麼事嗎？」傑敏問道。

「我不確定，先生。」辦公室職員回答道。

結果沒什麼特別的事，人資經理只是想讓傑敏為薪資單填寫一些文件。然而奇怪的是，當他回到電腦前，正在處理的文件已被刪除。數小時的工作就這樣消失在硬碟中。傑敏趕到資訊部門試圖救回檔案，但無濟於事。檔案消失了——永遠找不到了。

接下來幾個月，傑敏的照片備份神祕地消失了四次。要麼他需要換臺新筆電，要麼就是有人破解了筆電密碼，故意搞砸他的工作。

他決定設下陷阱，看看究竟是誰在搞鬼。

他請資訊部門將監視器鏡頭對準他的筆電，他們同意了。大夥就像扮演臥底警探一樣興奮。一次大型拍攝活動結束後，他故意讓筆電開著，然後衝到資訊部門的監視螢幕前。他們拿出爆米花，準備抓犯人，就像是蹲點監視行動。結果傑敏離開辦公桌幾分鐘後，造型師走過來登入他的筆電，並開始刪除作品——他一點也不意外。

造型師被當場抓包！

當然，她會被解僱，傑敏帶著造型師的犯罪影片去找人資經理。然而，故事的轉折點是，原來人資經理和造型師是一夥的。她們想汙衊傑敏其實低效、懶散、無法按時完成工作，因為她們都嫉妒總監給傑敏的工作自主權與資源。

傑敏是團隊中值得信賴的成員，因此有權自行安排行程。這讓造型師和人資經理很嫉妒：為什麼傑敏可以隨心所欲地進出公司，她們卻必須在固定時間上班？人資經理因為傑敏不必向她報告或聽取她的意見感到沮喪，造型師則出於接任傑敏職位的野心，於是她們聯合起來對付他。

她們都向總監說了各自編造的故事，於是總監召集傑敏開會。儘管傑敏有證據表明自己有按時完成工作，還是決定辭去職務。他想開間自己的工作室，不想在這樣的有毒環境中繼續工作。總監懇求他留下，但無濟於事。

傑敏在辦公桌前收拾東西時，想到要備份自己拍攝過的所有照片，以便用在未來的作品集。但造型師和人資經理積怨太深，竟趁傑敏去見總監時，刪了他全部的作品！傑敏的多年努力瞬間付諸流水——都是因為嫉妒心與失控的野心。

從傑敏的故事可看出，不健康的競爭將讓人犧牲自己的原則和價值觀，只為了獲得外在的成功。

「哇，這故事真精采。在我的工作場所可不會這樣，」哈利說，「嗯，總之沒那麼極端。儘管工作壓力很大，但我的團隊確實很好。」

「是的，傑敏的情況很獨特，大多數人可能不會遇上那麼糟糕的事。」我說。

「沒有人該做出造型師做的那些事。但如果不在工作上保持競爭力，會不會落於人後呢？」哈利有些疑惑地問道。

「競爭本身不是問題！如果你想成長，就必須競爭。」我回答道。

良性競爭

「唯一的區別是和誰競爭，」我補充道，「思想封閉的人會想透過在專業領域擊敗他人來成長；相反地，思想開放的人會透過自我發展來成長。他們知道沒有人是他們的競爭對手，最大的競爭對手是自己。每天都要努力成為更好的自己，哪怕成長很微小，如果他們仍然和昨天一樣，會為此感到不安。演員馬修·麥康納在二〇一四年的奧斯卡得獎感言談過這個原則。」

「哦，是的，我在 YouTube 上看過了。」哈利回答道。

既然還在塞車，我拿出手機播放短片。這位美國演員的話在車裡迴盪。

> 我還要感謝我的英雄，那是我要追上看齊的人。
>
> 十五歲時，我生命中一個非常重要的人對我說：「誰是你的英雄？」

我回答：「不知道，我得想一下，給我幾個星期。」

兩週後我回來，這個人走過來說：「誰是你的英雄？」

我說：「我想到了。你知道是誰嗎？十年後的我。」

十年後，我二十五歲了。

同一個人來找我說：「那麼，你是英雄了嗎？」

我當時說：「不不不，還差得遠呢。」

她說：「為什麼？」

我回答：「因為我的英雄是三十五歲的我。」

所以，你看，我生命中的每一天、每一週、每一月和每一年，我的英雄總是在十年之後。我永遠不會成為我的英雄。我不會那樣做的。我知道我不是英雄，了解這一點對我很有幫助，因為這讓我有目標可以繼續追趕看齊。

影片結束，我把手機放回口袋，並分享自己的想法：「我們應該汲取這種自我競爭的思維模式，而不是對別人的前進感到不安。我們應該盡最大的努力實現那個夢想中的未來自我，這不僅能讓思想跳脫嫉妒與不安全感，還能幫助自己發揮最大的潛能，帶來巨大的成功與深深的滿足感。」

有個學習印度傳統卡塔克舞的小男孩在練習時經常踏錯步伐，跌跌撞撞。心灰意冷的他來到老師面前，問道：「我什麼時候才能像您的其他學生一樣跳得很好呢？我什麼時候才能跟上節拍，優雅地表演每一個動作？」

老師回答：「當你在練習中不再看著你的同學時。請記住，你不是在與他們競爭，你是在與自己競爭。你的目標只有比昨天更好，而不是和班上其他男孩或女孩比較。」

在舞蹈、運動、商業，還是生活中任何方面，這種心態都能帶來自我超越。我們在蘋果公司也可以看到這種心態。

除非是住在戈壁沙漠的某個山洞，否則你不會不知道蘋果已躋身現代最成功的公司之列。

二〇一八年，蘋果躍居全球第九富有的公司，就靠著在過去十年推出廣受歡迎的 iPhone 手機。你是否曾在 iPhone 發表會當天在蘋果販售中心買過手機？數百名員工穿著與品牌相襯的制服迎接你，還會在你購買最新產品時大聲鼓掌歡呼。雖然我從未親眼見過此景象，但朋友告訴我那場景就像一場派對，能讓人變得歇斯底里。

是什麼讓蘋果如此創新，以至於讓人不斷回購？

你可以在蘋果領導層賦予的公司文化中找到答案。

已故的蘋果公司創辦人賈伯斯認為，與他人競爭會分散培養自己創造力的精力。我們會開始盲從他人，甚至失去自己的本質，在最壞的情況下還會變得無趣！過度與他人比較就會落入平凡，缺乏獨創性對蘋果公司將成為災難。賈伯斯曾因極度注重公司所有產品的細節而惡名昭彰。

他想改變世界，而不僅僅是複製下一家最好的公司來提高自己的股價。他想充分表現自己，而不是僅僅跟隨別人的表現。他想與自己過去所做的一切比較，而不僅僅是與比爾．蓋茲相比！

「你的意思是，與別人比較總是不好的？」哈利打斷道。

「不，」我回答，「我的意思是，如果必須與他人比較，我們應該比較積極的態度。這個人孜孜不倦地工作或磨練自身技能的態度很鼓舞人心，我想要學習同樣的態度。向這樣的人學習，然後盡己所能地幫助更多人，大家共同成長，這就是思想開放的人的想法。」

「聽起來很棒。但是當你身邊有愛競爭的人耍骯髒的職場政治手段來扯後腿，並搶走業績時，你是否應該保持沉默並繼續努力？看看造型師對傑敏做了什麼。」哈利反對道。

「在職場總有人耍骯髒的政治手段，」我回答道，「這似乎存在每個辦公室，就像空氣中的濕氣一樣。有人的地方就有兩種人：一種人誠實工作、正直生活，另一種則是不誠實的人。當然，這只是概括的說法。沒有人擁有完美的道德指南針，也沒有人在道德上完全信用破產。即使離職去到別的公司，那裡也會有人搞辦公室政治，或多或少都有這種情況，而且狀況不一。但是，我們必須學習以乾淨的方式處理工作場所裡那些耗費精力的狀況。追根究柢，與其涉入職場政治，不如不斷努力讓自己更強大，達到更卓越的境界。如同傑敏遇到的極端情況，當無法忍受繼續被老闆與同事的負面情緒包圍時，最好繼續前進。當然，前提是你有其他的工作選擇。」

重點總結

- ◉惡性競爭的原因有二：嫉妒他人或失控的野心。
- ◉我們會與具有相同技能或人生觀的人競爭。當另一個人的技能對我們的生活沒有影響時，人很少會感到受威脅。
- ◉競爭存在生活各領域，包括運動界、商業界、政治界和職場。
- ◉傑敏的故事是惡性競爭的極端案例。
- ◉良性競爭是與自己競爭，而不是與他人競爭，目的是爲了成爲更好的自己。
- ◉職場政治總是存在，但應該學習如何以乾淨的方式處理。

14 自我發現

為了找到人生目標，你必須踏上自我發現之旅。

有時，戰士會覺得自己同時過著兩種生活……有一座橋梁將自己做的事與自己想做的事連接起來。慢慢地，他的夢想占據了日常生活，然後他意識到自己已經為一直想做的事做好了準備，需要的只是勇敢去做。因此，他的兩種生活合而為一了。

——保羅．科爾賀，《牧羊少年奇幻之旅》作者

哈利感謝我的見解。他想讓對話更進一步，問道：「你認為自我提升和與自己競爭的關鍵要素是什麼？」

「如果有一件事是成長的基礎，那就是了解自己。只有清楚了解自己的

潛力、能力，當然還有局限，才能與自己競爭。」我回答道。

當我進一步闡述時，哈利饒富興味地聽著。

認識自己

我們必須了解自己才能與自己競爭。

我們的天賦是什麼？喜歡什麼？不喜歡什麼？未來的目標是什麼？這些還只是為了取得成功需要回答的幾個初步問題。透過探索的過程，我們得以開啟自我發現之旅。

現在我們知道給予與接受禮物可以強化人我關係。

有個送禮的故事我覺得挺幽默的，是關於一對夫婦的結婚紀念日。

有位女士將願望告訴丈夫。「我夢見你送給我一條漂亮的鑽石項鍊。你認為這意味什麼？」她問丈夫。

「今晚妳就會知道了。」丈夫臉上帶著微笑說。

她的眼裡充滿期待。

那天晚上，丈夫帶著一份包裝精美的禮物送給妻子。「難不成是我夢寐以求的禮物嗎？」妻子心想。她欣喜若狂，打開一看，竟然是一本名為《夢的意義》的書！

我以前總想知道，為什麼人們會花那麼大力氣用花俏的紙、蝴蝶結和緞帶來包裝禮物？為什麼不直接把禮物送給想傳達愛意的對象？我得出的結論是，如果沒有包裝便送出禮物，就不會有興奮的感覺。包裝好的禮物會帶來懸念，打開時會讓人興奮，從而帶來極大的喜悅，不僅收禮的人會開心，送禮的人也會開心。

同樣地，每個人都有些獨特之處，都被賦予了特殊的才能和技能。如果神從人出生的那一天起就立即揭曉你擁有的才能，人生的旅程就不會那麼讓人興奮了。神隱而不宣我們的長才、技能與潛力，只為了讓人有機會探索。

在探索的過程中，在試圖弄清楚自己想在人生裡做什麼時，能產生巨大的滿足感。自我發現不是一次性事件，而是持續的演變。隨著人生不斷前進，會發現自己有能力實現多少。

你小時候玩過「傳包裹」遊戲嗎？這是生日派對的經典遊戲，亮點是有個由一層又一層的包裝紙包覆著的禮物。在每一層包裝裡，都藏有一個較小的禮物。當音樂開始播放時，包裹在一群人之間傳遞，等待音樂停止。音樂停止的當下，手裡拿著包裹的人會撕掉一層包裝紙，並領取小獎品。同樣的過程一直持續到倒數第二層包裝紙，此時，所有的小獎都領完了，最後的大獎會由拿著並打開最後一層包裝紙的人揭曉。

這個遊戲與了解自我有什麼關係呢？

與這個遊戲相同的是，在發現自己真正的潛力之前，需要打開多層包裝紙。越深入發掘自己的潛力，就能發現越多層面的自己，並且隨著每一層的揭曉，都會發現隱藏在內的更小的天賦。

我們不必等到所有包裝被揭開，最大的禮物——我們真正的潛力——展現時，才體驗到幸福。旅程本身已非常令人興奮，能帶來深深的滿足感。

想到這裡，我想起了我的年輕朋友賽拉傑的故事。

賽拉傑獨特的未來

在孟買一個異常涼爽的夜晚，我應邀到古吉拉特人的家中吃晚飯。幾個月來他們一直懇求我去，而這些古吉拉特母親極具說服力，所以在對方第五次邀請時，我不得不應允了。

這家的父母都是職場人士：父親在銀行擔任領導職務，母親是市內一所醫學院的生理學教授。他們和我一樣忙碌，但我注意到他們總會為兩件事騰出時間：靈性的追求，與他們的兒子賽拉傑。

你可以想像古吉拉特美食不斷遞過來的情景，從鹹蒸糕到雜菜燴，鷹嘴豆卷到優格點心，盛情款待。當我坐下時，詢問了他們剛剛完成十年級考試的兒子賽拉傑在哪裡。

「他應該馬上就會下來，」他父親說，「他很高興見到你。」

「我聽說他考試考得很好。」我說。

「是的，他很用功讀書。」他母親告訴我他的分數時說道。

此時賽拉傑走了過來，給我一個大大的擁抱，並坐在我身旁。

「你媽媽告訴我，你今年拿到總分的九十三％，尤其數學和科學的成績非常好！」我說。

賽拉傑臉紅了。儘管取得極高的學業成就，但他很謙虛。

「謝謝你！我很期待明年。」他精力充沛地說。

「下個學年你準備選哪個學科方向呢？」當賽拉傑的父親堅持塞更多的鹹蒸糕到我盤子裡時，我問道。

印度的孩子往往會根據分數選擇科系，通常成績好的孩子會選擇工程或醫學，我預想賽拉傑也會這麼做。

賽拉傑看著他的父親，然後低下頭。「我選擇商科。」他說。

他父母臉上的表情變了。為什麼他選擇商科而不是其他領域，他明明有能力表現得很好？按照刻板印象，商科在印度的影響力不如其他學科那麼大。

「那太好了。」過了一會兒我回道。我總是試圖鼓勵人們自己做的決定和夢想。「那你在大學裡會做什麼？」我問。

就在這時，賽拉傑的媽媽拿出盛放在水晶盤子上的藍莓起司蛋糕。

「很多人不知道，藍莓起司蛋糕的底料是由全麥餅乾屑、糖和奶油製成的，必須以高溫烘烤一小時！」賽拉傑說。

我心想，以一個十六歲的男孩來看，這話題轉換得有點奇怪。

賽拉傑說：「然後必須把基底再冷藏一小時，這樣才能像放在盤子裡一樣堅硬。」賽拉傑接著描述放在冰箱裡的巧克力慕斯的做法，然後是桌上的鹹蒸糕和鷹嘴豆捲。當他這麼做的同時，你應該看看他父母臉上的表情。你能想像他們在想什麼嗎？

「我想在完成商科訓練後，從事飯店管理與餐飲業。」賽拉傑過了一會兒說道。房間裡的氣氛又變了，父母的臉色也變了。但他們的表情出乎意料——兩人滿心歡喜，自始至終都是如此！

「我知道賽拉傑想做的事不符合傳統期待。我對他說，他可能想效仿他的母親，醫學可能更適合他。然而，他拒絕了，繼續聊烹飪、烹飪、烹飪。」他的父親興高采烈地說，「我高興極了！不僅是因為賽拉傑找到了人生的熱情所在，下班後我還能吃到美味甜點！」

「當然，我們擔心當廚師無法賺那麼多錢，但他熱愛自己的工作，而且很擅長。印度是發展中國家，有很大的創業空間。」他的母親邊說邊給我切了一塊起司蛋糕，雖然這分量對我的胃而言顯然太多了。

「我要在開店做生意這方面幫助他。」賽拉傑的父親笑著說。

「看來你都想清楚了。」我說道，對賽拉傑獨特的未來感到興奮。如果這個男孩之後在世界各地開了五星級連鎖餐廳，我也不會驚訝！

晚餐後，在回道場的路上，我心想，如果人能選擇自己喜歡做的事，人生就沒有壓力了。正如賽拉傑的父母所說：「做自己喜歡做的事，能讓你感覺沒有一天是在工作。」

然而，在現實中，大多數人日復一日做著不喜歡做的事。

找到生之意義

就像賽拉傑一樣，我們都需要在人生中找到目標，這與活得更久和更幸福息息相關。

有許多心理模型可以幫助我們過上充實的生活，日本的「生之意義」概念就是其中之一。

「ikigai」這個日文詞語沒有直接的英文翻譯，但被理解為「活著的理由」或「有人生目標」。

這個概念來自日本這個世界上老年人口最多的國家——日本沖繩島上的男性平均壽命為七十八歲，女性平均壽命為八十六歲！

根據東洋英和大學臨床心理學家長谷川明弘的說法，「gai」一詞源自於「kai」，意思是「貝殼」。他說，在西元七九四年至一一八五年的平安時代，貝殼被認為非常有價值，因此「gai」的意思是「有生活價值」。

根據這個概念，要想找到人生目標，我們必須回答以下四個問題，就像賽拉傑和他的家人下意識做到的那樣。

- **我熱愛什麼？**
- **我擅長什麼？**
- **世界需要什麼？**
- **我能因爲什麼獲得報酬？**

生之意義

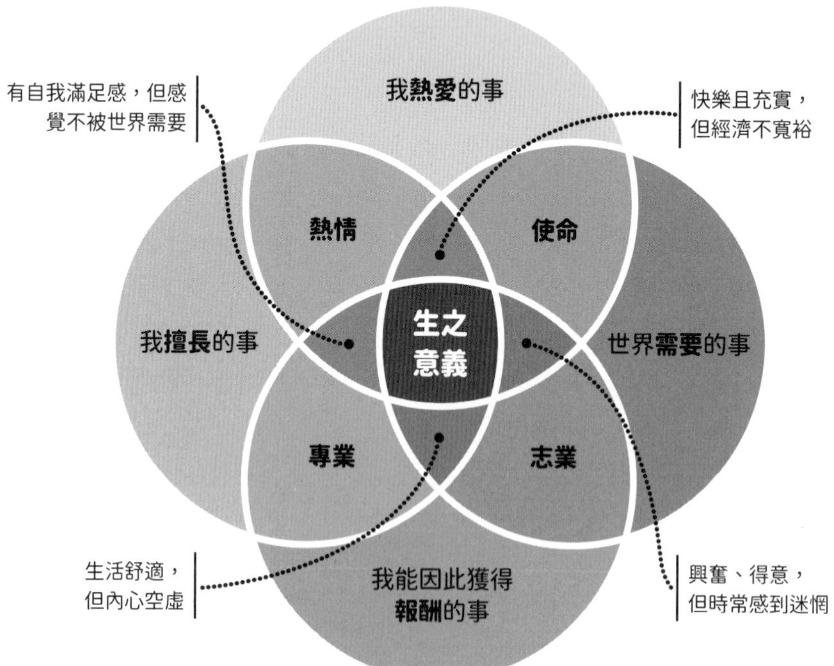
我熱愛的事
我擅長的事
世界需要的事
我能因此獲得
報酬的事
熱情
使命
專業
志業
生之
意義
有自我滿足感，但感
覺不被世界需要
快樂且充實，
但經濟不寬裕
生活舒適，
但內心空虛
興奮、得意，
但時常感到迷惘

從這四個問題裡找到平衡，是人能夠擁有期待的生活的可能途徑。並非每個人的目標一開始都是想要對世界的演進產生影響力，而是可能像賽拉傑的目標一樣簡單。

「然而，並不是每個人都像賽拉傑一樣年輕。」當車子越來越靠近我們熟悉的區域時，哈利笑著說。

經過一些昂貴的設計師商店時，哈利接著說：「如果你的生活方式與穿著如此昂貴的衣服有關，」哈利指著櫥窗裡的陳列品，「那麼就很難改變你現有的職業，去做自己喜歡的事。有段時間我想從事與大自然有關的工作，成為自然資源保護人士，但這份工作無法獲得良好的報酬。」他坦白地說。

「你不需要放棄一切或做出巨大的改變才能開始實現目標，目標也不一定要等於工作。」我回答道。

「那我該怎麼做？我還沒有孩子，所以我知道自己抽得出時間。」哈利補充道。

「請根據兩件事採取行動。首先，**熱愛自己必須做的事**。我們都必須支付帳單、維持生活，並投入已經從事的工作中。對大多數人而言，沒有熱情的工作可能占了生活的八十％左右。因此，開始愛上工作吧！你喜歡工作的哪些部分？就專注在那上頭。」

「我喜歡在專案裡和同事合作。」他說。

「那就試著專注在這個部分。」我接著說：「第二件事是，**在生活中騰出時間做自己喜歡的事**。開始將環境保育融入你的生活！利用週末探索印度，研究哪些森林或地區需要幫助，及如何提供最好的幫助！」我熱情地說。我對環境保育知之甚少，但我想哈利明白我的意思。

「我們經常在工作之餘，浪費時間做些無法真正獲得滿足的一般事務，像是逛街、在同個餐館用餐等。有整個世界等著我們去探索啊！我相信許多人也有同感。判斷風險之後，就開始將自己真正喜歡做的事，即我們的『生之意義』加入生活裡。只要真正開始為自己努力，也許有一天，喜歡做的事也能成為足以支付帳單的事！」

重點總結

◉我們應該了解自己，知道什麼對自己有意義，想投注時間在什麼事物。這可以透過了解個人目標達成，而想要了解自己的目標，需要專注投入與耐心。

◉發現人生目標是件令人興奮的事，如同打開禮物給人的期待和喜悅。實現人生目標是一段旅程，而不是單一事件。

◉日本有個稱爲「生之意義」或「活著的理由」的心理模型，由我們需要了解的四個重要問題組成：我熱愛什麼？我擅長什麼？世界需要什麼？我能因爲什麼獲得報酬？賽拉傑和他的家人在他生命的早期就發現了這一點。

◉如果到了一定年紀還沒找到人生目標，可以遵循以下原則：愛自己必須做的事，並開始去做自己喜歡的事。

注意：爲了幫助你找到「生之意義」，請完成〈附錄二〉的「生之意義工作表」。

15 靈性思維與成功的關係

本章澄清了與靈性有關的許多誤解：靈性主義者不會有野心、靈性主義者會因為崇高的價值觀而在職場被欺壓，以及靈性主義者不該追求人生中更美好的事物。

以誠信賺錢，以慈悲心消費。

——蘭妲納特·斯瓦米，國際奎師那意識協會的靈性導師

「你說要找到人生目標，這對靈性有什麼幫助？」哈利問。

他的手機響了一會兒後，停了。

哈利看了一下，說道：「拉麗塔打給我的另一通未接來電。我最好打回去看看是怎麼回事……」他把電話放在耳邊一分鐘，但無人接聽。

「一切都好嗎？」我問道。

「她沒有接，但我相信一切都好。」

我回答了他一開始的提問：「靈性有助於整理你的思想，這樣的清明使你能更深入了解自己的目的。你不必像我一樣成為僧人才能實踐靈性！」

「這就是拉麗塔害怕的事，」哈利咯咯笑說，「她害怕我太深入其中，有天也會剃光頭出家。」

「反正我們沒有空位給你。」我開玩笑說。但確實如此——有許多人表明想當僧人，但我們不得不拒絕一些人。

「不只是拉麗塔，大多數人都認為走向靈性就會失去雄心壯志，因為人會變得容易滿足——充滿禪意，像你一樣。」哈利說。

「我看起來對生活很滿意嗎？」我問。

「嗯，有一點。我知道你很忙，但你不認為如果你不走向靈性，會更有野心嗎？我相信你的一些朋友現在都是美國的百萬富翁了！」他說。

這話有點尖銳，但我已經習慣了。

這是對靈性最大的誤解之一。許多人都是如此，尊神克里希納在《薄伽梵歌》中也曾提到這種誤解。

「讓我把你的思緒帶回俱盧之野大戰的戰場。」我說。

靈性會扼殺野心?

現在我們已經知道阿周那在即將參戰時發生了什麼事。對我們而言，在應戰前精神崩潰並不奇怪。大多數人都沒受過軍事訓練，會害怕自己死亡。

但阿周那不是這樣想的。他怕的是傷害他的祖父、他的老師，以及手持武器、與他站在對立面的家族兄弟。他有強烈的悲憫之心，卻用錯了地方——怯戰會使世界充滿不公。阿周那知道這點，但知道和理解是兩回事。

「一個王國、一個寶座和所有財富，有什麼用?我可以不傷害任何人，退到森林裡。」他心想。

這正是人們對靈性主義者的**誤解**：一旦開始修行，只要到達最低限度就會感到滿意。如果可以滿足於做基層職員，何必要擔任公司的總經理?因此，人們誤以為靈性會扼殺野心。

尊神克里希納透過敦促阿周那戰鬥來解決這個問題。

如果阿周那不挺身一戰，世上有限的中性資源，將全落在肆無忌憚的俱盧族手裡，他們只想剝削他人和他們統治之下的人民。任由品行薄弱之人掌握所有資源，將使社會陷入混亂，因為資源將被用於具有破壞性、自我膨脹與自私的目的；但如果將資源轉移給有德之人，就能有建設性地貢獻於社會，成為服務他人的媒介。

從某種意義上來看，靈性主義者應該內心富足。對於個人需求，他們應該滿足於最低限度，因為他們知道外物無法帶來幸福。然而，談到以服務他人為目的所做的努力，他們就不該感到滿足，如果對此還是溫順、被動，那麼本來可以用來提升人性的事物就不會存在了。

因此，克里希納激勵阿周那起身而戰並奪回王位。從某種意義上來看，這不是般度族的寶座，但人民需要般度族王子阿周那的領導，在阿周那高尚價值觀的領導之下，才能使社會蓬勃發展。

因此，**靈性不會扼殺人的野心，而是會將野心運用於爲他人服務**。

大多數人不會想達到完全無私的程度，因此懷有抱負與創業精神不是問題，擁有更多、賺得更多、生活奢華也不是問題。

我是個僧人，一生的財產都裝在一個二乘三公尺大的房間裡，但我強烈鼓勵人們追求成功。渴望擁有奢華的生活、昂貴的汽車、充滿異國情調的假期都沒問題。如果靠著神的祝福，讓我們有志向與能力取得更大的成就，就必須發揮潛力，而不是極力壓抑。

有問題的是「只」過著奢華的生活。

「富足生活」這個詞後面加的注解很重要：我們是否能以同樣的比例回饋社會。財富使人有能力行善，有助於無私的奉獻精神。一個人可能會在婚禮上花費千萬，但是否會捐出相應的金額來幫助有需要的人？舒適的生活能為大腦帶來暫時的快樂，卻無法為心靈帶來深刻的滿足，只有付出才可以。

所以，我鼓勵人們充滿熱情地追求自己的抱負，但我也告訴他們，當神因此賜福、給予我們更多時，我們不應僅是提高生活品質，也應提高奉獻的程度。

「關於這點我無法反駁。不過，就算個人的野心不會因為走向靈性而受影響，但是否會讓他失去競爭優勢呢？」哈利含糊地問道。

「你怎麼會這樣想？」我們快到寺院時，我回答道。

「人們對靈性主義者總會持抱這種看法。如果告訴別人你在修行，他們會以異樣的眼光看你，好像你的想法和生活方式很落伍。」他抱怨道。

「我不同意，」我確實不認同，「靈性主義者是世界上最有影響力的人。看看民權運動者馬丁．路德．金恩，或印度前總統阿普杜爾．卡蘭博士，他們都是實踐靈性的人。」

「是的，但是在辦公室……」

「所以我們要聊的是辦公室啊？」我打斷他並笑了起來，「你為什麼不直接說？我們剛剛談到了職場政治，以及辦公室只是社會的縮影。」

哈利臉紅了。「在辦公室……」他停了下來，「如果你告訴別人有個僧人來找你吃午飯，他們會認為你有點古怪。人們會覺得，因為你喜歡靜心和瑜伽，並且努力表現得謙虛，所以就可以占你便宜。」

我明白哈利想說什麼。「這是在職場中常見的另一個誤解：如果你想成為有德行的人，別人會利用你；有靈性的人在做人處世上會被他人踐踏。讓我告訴你一個古老的故事，說明為什麼這不是真的。」

智者與蛇

在印度，蛇受人尊重，也令人畏懼。

根據刻板印象，印度是個經濟仰賴泰姬瑪哈陵、果阿邦與弄蛇人觀光收入的國家！當然，事實並非如此。但你不能將蛇與印度文化分開——這是印度風情的一部分。

幾千年前，一群村民走近一位在山洞裡打坐的智者。多年的靜心修行賜予他智慧以解決遇到的所有問題。

村民們氣喘吁吁地走近他，其中一人的聲音因恐懼而哽咽，他抱怨道：「尊者啊，請幫助我們。有一條大毒蛇正對村子造成威脅！」

智者沒有回答，他還在深度的靜心中。

村民們面面相覷，然後又推出一個非正式代表發言：「方圓數里內都能聽到大蛇的嘶嘶聲。牠無情地咬路上的任何人，不管是否有遭受威脅。我們都不敢獨自下田，導致農作枯竭。所以蛇的毒液不是唯一讓村民一個個死去的原因，我們也快餓死了！求求你，幫助我們！」

智者天生富有同理心，是最真誠、具有靈性思維的人。意識到事態的嚴重性，他從草蓆上站起來，看著村民說道：「我們去找那條蛇吧。」

村民的歡呼聲四起，充滿希望，成群結隊地尾隨智者身後，去尋找發出嘶嘶聲的敵人。就在眾人快接近昔日的家鄉、如今卻塵土飛揚的鬼域時，村子另一頭傳來妖異的蛇嘶叫聲。

大蛇以極快的速度驅近村民，根本不理會他們手上的乾草叉或火把。村民四處竄逃，唯有智者文風不動地站著，沒有被來勢洶洶、膨起頸部的生物嚇倒。

大蛇的身體覆蓋著黑綠交錯的鱗片，起伏滑行著，在陽光下閃閃發光。多美啊！智者想。由於智者沒有像其他獵物一樣逃跑，令蛇感到困惑，因此停下來盯著他看。

「上前來吧，了不起的你。」智者大聲喊道。

蛇從未被人如此善待，被這句話給迷住了。

聖者話語中的溫暖，取代了先前劍拔弩張的氣氛。蛇揮去所有戾氣、滑向智者，溫順地盤繞在他腳邊，以示敬意。

村民有的躲在樹上、有的躲在田的另一邊，聽不見他們的談話，只能遠遠看著，被眼前的景象嚇呆了。

「我為你的美感到震驚，」智者像老朋友似地對蛇說，「但你為什麼要像現在這樣糾纏村民呢？」蛇收起嚇人的姿態。

「放棄這些破壞的手段，不要再恐嚇可憐的村民，別再咬他們了——他們不是你的對手。森林裡還有很多東西給你吃。」蛇同樣對智者下令時的優雅與威嚴感到震驚，牠向智者鞠躬，決定放過村民。

任何人都可以透過立下新誓言來展開新生活，蛇也這樣做了。牠翻開了新的一頁，恪守諾言，開始純真而無邪念的新生活，不再試圖傷害任何人。

從那天起，村民興高采烈。農作翻倍、安心牧牛，孩子在森林裡玩耍，智者也回到洞穴繼續他的修行——大家從此幸福快樂？故事還沒完呢。

幾個月後，智者下山向村民乞討勉強維生的食物。前往村莊時，他看到同一條蛇盤繞在樹底下，鱗片脫落，幾乎喪命，看起來憔悴而傷痕累累，全身都是瘡。

「我親愛的朋友，你怎麼了？」智者充滿感情地問。

「這是善良的果報。」蛇回答道，雖然毒液已乾涸，口中卻充滿苦澀，「我聽從你的話，放棄了折磨人的手段，放過村民一馬，不再攻擊他們。但請看看我發生了什麼事。每個人都用石頭砸我、用棍子打我，連孩子都戲弄我，拽著我的尾巴狠狠拖行。現在我成了笑柄。但是，我信守對你的承諾……」

智者笑道：「蛇啊，你做到了我的要求，但沒完全理解我的意思。我告訴過你不要咬人，但可沒要你停止那讓人在幾里外聽到就嚇得卻步的兇猛嘶嘶聲。」

蛇解開盤繞的身軀，明白自己必須做些什麼了。當嘶嘶聲像噩夢一樣回到村子裡時，村民都在顫抖。

從此，村民與蛇過上相安無事的生活。

「好精采的故事！」哈利說。

「這故事的寓意是，修行者不會故意傷害別人，也不會在做人處世上欺騙別人。然而，他們在工作中並不膽怯，謙虛或溫順並不代表好欺負，而是能了解如何在所有情況中正確行事。人們不是常說嗎?**在兩件事上要直截了當:做生意和吃飯**。我們必須明白,靈性會改變人的性格,但不會要人當個傻子!」我強調。

哈利微笑聽著,而我繼續說:「在賺大錢的野心中,即使天空也不是極限。但與此同時,應該警惕過度追求財富會分散自己對人生目標的追求,並危及自己的理想。經常深入反省並與有靈性心態的人為伍,能幫助自己維持純淨的意圖與行動,並在良好品格的基礎上取得巨大成功。發展良好的品格需要時間,但它是盞明燈,可以讓我們知道如何過好自己的生活。這就是個人品格的靈性原則。」

重點總結

◉人們對成為具靈性思維的人與在世上取得成功，存在許多誤解。

◉一個誤解是：靈性扼殺了野心和追求成就的熱情。這是錯的，靈性只會改變我們實現目標的動機，讓人想取得巨大的成功以擁有更多幫助他人的資源。《薄伽梵歌》中克里希納與阿周那的故事解釋了更多：要為幫助他人而奮戰並取得成就，但對於個人生活，我們要從內在感到滿足。

◉另一個誤解是：有靈性的人將因為崇高的價值觀，反在職場上被輕視。智者與蛇的故事講述了在事業上該如何堅守個人價值觀，但又要嚴謹細心而直截了當。

◉人可以隨心所欲地賺取財富，並將金錢用於服務他人，但該深自警惕這可能會使自己偏離人生目標。

16 誠信與品格

靈性有助於培養良好的品格。當言語無法表達時，品格會閃耀光芒。

以這種方式過你的生活：讓那些認識你但不認識神的人，能因你而認識神。

——無名氏

是什麼促使人們做出正當的行為？是從有魅力的演講者那裡聽來的嗎？是他們聽到什麼有趣的哲學觀點嗎？還是他們參加的活動振奮人心？這些都很有幫助，但根據靈性文獻，促使人們採取行動的不是腦中的信念，而是心的啟發。

人們更被行為感動，而非話語。我們會受到那些以正確的行為、品格與誠信生活的人啟發。

推車與品格

「賈格納神廟乘車節」起源於幾千年前位於印度東海岸的浦里鎮。數百萬人湧入浦里鎮參加節慶。三輛巨大的推車，在慶典中載著尊神賈格納、帕拉德瓦和舒帕德拉的神像穿過城鎮，供所有人觀看。

自一九七〇年代以來，世界各地的城市都在複製乘車節。事實上，在孟買，這樣的慶典每隔幾年就會在這座大城市的不同地方舉辦幾次。

幾年前，孟買一處名為庫非巴拉德的富人區，計畫在當地舉辦乘車節。該地區位於孟買精華地段，非常狹窄，難以容下三輛巨型推車，因此他們決定使用小型推車，就像古代的英國馬車。

即將舉行乘車節的前幾天，籌辦人意識到缺少一些資金。任何節日前的最後幾天都是最忙的，籌辦人瀏覽整個通訊錄，打電話給信徒詢問是否願意贊助部分活動經費。其中一位是我的密友希特什・科瓦尼，他也住在該地區，是我們團體的支持者。

可惜的是，希特什已經為乘車節捐助了相當多的資金以確保如期舉行，但他向籌辦人承諾，他會聯繫一些朋友以募得更多資金。希特什的大多數友人都很富裕。要住在庫非巴拉德區，你必須有一定的經濟能力。

他聯繫的一位男士說，同一週已經有三個宗教組織向他求助，他無力再捐款了。然而，因為希特什是他的朋友，他還是立即開了一張支票。由希特什擔任募款人，讓乘車節的籌辦人甚感欣慰！

慶典十分壯觀。

節日當天，成千上萬的民眾走上庫非巴拉德的街道，身著七彩華服為尊神賈格納獻舞、吟誦和唱歌。人們從公寓的窗戶探出頭來鼓掌，整個場面非常吸引人。即使是被尊神賈格納的遊行隊伍耽誤的計程車司機，也忍不住笑著觀看慶典活動。

當推車從一條街移動到另一條街，他們沒有意識到馬路會變得多狹窄，在推擠下，推車車輪不小心撞到停在路上的一輛銀色賓士。在節慶的活力和熱情氛圍裡，大多數人沒有注意到這件事。即使有人短暫地注意到，也沒有停下來，眾人繼續慶祝著。

街上沒有監視器，除了這起小失誤，其餘部分都順利地完成了。

兩天後，希特什在辦公室接到開支票那位先生的電話。

希特什對他的話感到震驚，因為他說：「下一次慶典，我想贊助整個活動！」這可是一筆不小的數目。

希特什感到困惑，問道：「你能這麼做真是太好了，但為什麼突然有這股衝動呢？」

那位先生解釋：「慶典結束後，我從公寓來到街上，走到我的銀色賓士車旁，發現側邊有個巨大的凹痕。我心煩意亂，在這地區發生這樣的破壞行為並不常見。但後來我發現一張紙條在車子的擋風玻璃和雨刷間飄動。」

「上面寫了什麼？」希特什問道。

「上面寫著：『這輛漂亮汽車的車主，我們很遺憾地通知您，尊神賈格納那輛與您的車同樣漂亮的推車，在節慶期間不小心撞到了您汽車的側面。我在這裡等了一個小時，看您會不會下來，想親自和您談談，但一直等不到人。我們神廟願意全額支付您修復凹痕的費用。給您帶來不便，我們深表歉意。這是我的電話號碼和地址，請與我們聯繫。』」

那人驚呼道：「多誠實啊！沒人知道是他們撞了我的車，也沒法弄清楚是誰撞的，他們卻決定承擔一切責任。如果這些人是尊神賈格納的信徒，我想盡己所能地支持他們，因為這正是應該鼓勵的那種靈性。」

那位車主很有錢，不需要索討修車的賠償金，而是撥了通電話，衷心感謝寫紙條的人正確傳達了靈性的意義。

希特什後來告訴我那位車主與神廟僧人的談話。「起初，我打電話給神廟的聯繫窗口說撞到車子的事，他很緊張，擔心我會生氣。令他震驚的是，這是一通告訴他我想捐更多錢的電話。我想我的車是得到尊神賈格納的祝福了吧。」車主笑著說。

沒有良好品格的哲學幾乎沒有價值。將靈性付諸實行包括了三個面向：

- **思想（vichaar）**：這是我們從中尋求答案的哲學，幫助我們理解該如何生活及實踐靈性。隨後，這些觀念將成為指引我們實現有價值生活的指標性普世原則。
- **行爲（aachaar）**：基於哲學的實際行動。這會轉變我們的個人價值體系，並幫助我們培養良好的行為與品格。當我們的品格因遵循這貴重的哲學（哪怕只是其中一句話）而發生轉變，那些行動就叫作「aachaar」。

・傳播（prachaar）：靈修者的良好行為會激發他人對靈性哲學與價值觀的信心。無須布道，以身作則並品行端正，就能影響許多人。偉大之人的行為將引起他人的仿效。

我一直在說話，沒意識到我們終於抵達寺院。哈利停下車，耐心地聽我說話。

「你怎麼不阻止我說下去？」我笑著對哈利說。

「我想聽更多。如果打斷，你就不會告訴我乘車節的精采故事了。」他回答道。

「非常感謝你一路開車送我到這裡，當然還有午餐。」我打開門時說道。我已經錯過了今晚所有的預定活動，因此沒必要著急。

「你想進來坐坐嗎？」我問。

「那太好了。」他一邊回答，一邊抓起車鑰匙。

我們一起走進孟買潮濕的空氣中，穿過安檢門進入，受到警衛的熱烈歡迎。他們之中的許多人我都認識了超過十五年，是我們大家庭的一分子。

我稱之為「家」的道場位於孟買的吉爾崗海濱。

走進大門，映入眼簾的是巨大的庭院，兩層樓高的寺院是以砂岩雕刻而成，建築非常壯觀！我們邊說笑，邊向鞋櫃走去——進寺院前要先脫鞋，以維護寺廟的潔淨及對僧眾的尊重。

「第四個輪子是什麼？」哈利一邊脫下鞋子，一邊遞給鞋架負責人，突然開口說道。

「也許留待下一次好了，」這趟旅程讓我筋疲力盡，「為了世界級的酸豆湯，我不得不再訪你家。」

「如果你不來，我們會感到受辱。」哈利咧嘴一笑。

就在這時，哈利的電話響了，又是他的妻子。

「等一下。」他邊說邊從我身邊走開，去接電話。

幾個人走近我，希望能合照，但我的注意力始終在哈利身上。

我能聽到一些談話內容。

「哈囉？妳還好嗎？妳先前為什麼不接電話？」哈利一接通就說。

「喂？」電話那頭傳來一個男子的聲音。

「你是誰？」哈利驚慌地說。我注意到他的臉垮了下來。

「艾爾先生，我是布列奇坎迪醫院的夏哈醫師。我們正試圖與你取得聯繫，但一場大火燒毀了這地區的部分基地臺。你的妻子正在醫院，你應該來……」電話又斷了。

哈利的手機掉到地上，他臉色蒼白。

我立即結束與客人的談話，衝向正在寺院陽臺上的哈利。

「怎麼了？」

「拉麗塔……拉麗塔人在醫院。有些不對勁，我得走了。」他驚慌失措，跑向他的車。

我撿起他的手機追了上去。

重點總結

◉良好的品格具有改變人生的能力，這與我們的行爲而非話語有關。孟買乘車節的故事就是很好的例子。

◉培養品格的原則是：

◎思想（vichaar）：遵循的生活哲學。我們必須從中學習。

◎行爲（aachaar）：基於該哲學的行動。我們必須這樣做。

◎傳播（prachaar）：透過這些行動展現給世界的良好品行。我們必須付諸實踐。

◉偉大之人的行爲將引起他人的仿效。

—— 第四個輪子 ——

社會貢獻

17 從自私到無私

你可以完全自私、完全無私，或介於兩者之間。人生是一段從自私到無私的旅程。

生而不有，為而不恃，功成而弗居。

——老子

哈利跑下樓，差點忘了穿鞋。

我跟著他走下大理石階梯、穿過庭院，手抓著他螢幕碎裂的手機。其他僧人一臉疑惑，年邁的警衛們也是滿臉困惑，他們不知道哈利剛剛收到的消息。

哈利的妻子住院了，醫師要他趕過去。你能想像他在想些什麼嗎？光是想到將失去所愛之人，引發的那份痛苦就跟真正失去他們一樣了。

哈利手持汽車遙控鎖，猛地打開車門，無視站在他附近的推車上賣新鮮椰子水的人。

「你不必來，拜託。非常感謝你的寶貴時間。我相信你一定有很多事要做。」哈利隔著汽車引擎蓋對我說。

和哈利在一起比我計畫要做的事更重要。朋友的支持能讓面對痛苦變得沒那麼艱難。雖然我是僧人，有很多公務，但我喜歡和我關心的人做朋友，這是一種更深層、更個人的連結。

「對不起，不管你喜不喜歡，我都會和你一起。」我說著打開了副駕駛座的門。

等我們都坐進車裡，安全帶咔嗒一聲扣上，哈利倒車開上馬路，沒看清是否有其他車輛開過來。我們必須盡快趕到醫院。我才剛在同個座位上坐了三個多小時，但車裡的氣氛已完全不同，早已習慣的孟買街景看起來也不一樣了。

車裡的緊張氣氛，也影響了我對世界的看法。聽到這樣將改變人生的消息，世界觀會在瞬間改變。

我們在這些情況下該如何表現？當有人發現如此令人沮喪的事時，身為**朋友**該如何表現？

哈利臉上流下的不是汗水就是淚水，或是兩者的混合，他在腦海中搜尋捷徑，以避開不久前才不小心誤闖的塞車路段。當他敲打方向盤、按喇叭，並反覆檢查手機是否有任何新消息時，脫口而出：「什麼是第四個輪子？」

我以為他是出於禮貌，想繼續之前的談話。

「第四個輪子？」我說。

我大感驚訝，那一刻我甚至沒想到汽車的輪子。在這樣緊急的時刻，可不是談論生命本質的時候。

這是他該採取行動開快車的時刻，也是我以友誼支持他的時候。在難關降臨時，有時正確的做法就是在場陪伴。我真希望有一些花草茶，但我開口說話了。「第四個輪子與無私和社會貢獻有關。但下次再談好了，先讓我們集中精神聯繫上你的妻子——我相信她很好。」他點點頭同意，並專注於路上的交通。

我們已經飛速駛過肯普斯角，無視路上任何要我們停下並遵守規則的交通號誌。我們需要的是在車頂上裝個警鳴器。

想法快於言語，且並非總是按正確的順序排列。帶著同樣緊急的心情，我將在這裡快速介紹無私之輪。從肯普斯角到醫院只有十分鐘，當我們如閃電般快速行進的同時，我想到了所有這些事情。我一路接受僧人訓練，照理說無私的修行於我應該再自然不過，但就像大多數人一樣，我還有很長的路要走。

哈利開車時，我把手放在他肩上無聲地安慰，並想著他在這一刻正體現了第四個輪子：無私與回饋。

冰淇淋、蠟燭和氧氣罩

梵語是世界上最古老的語言之一，這種哲學語言是印度教與其他宗教信仰的起源。

它被視為眾神的語言，聽起來優雅而複雜，其文字被稱為「deva-nagri」——來自眾神之城。如果你想用梵語稱某人為驢子，其中一個詞是「vaishakanandan」，聽起來多迷人！冰淇淋這個詞也很有趣，它是

「dughda-sharkara-yukta-himaghana-gola-gattu」。或者，如果你想添加一點風味，芒果冰淇淋是「amra-dughda-sharkara-yukta-hima-ghana-golagattu」。

說梵語肯定是需要練習的。

我是梵語的忠實粉絲，但更喜歡吃冰淇淋。沒有比冰淇淋更美味的甜點了，尤其是在熱帶地區。

然而，冰淇淋背後代表的概念是：在融化之前享受你的人生。這象徵享樂主義，透過獨享來品味生命中的每一刻。蠟燭則象徵另一種概念：在融化之前照亮別人。

冰淇淋和蠟燭都會融化，但理由完全不同。蠟燭由蠟製成，燃燒本體只為了發出光，讓他人看到東西，這就是蠟燭的無私本質。

在左頁的光譜裡，你處在什麼位置？

我相信你不會認為自己完全自私，但也不會是完全無私，我們都處於兩者之間的某個位置。

不能完全成為蠟燭，並不意味就應該在冰淇淋那端保持自私。**人生的旅程，就在於從冰淇淋走向蠟燭**——這正是每個人人生目標的核心：分享、給

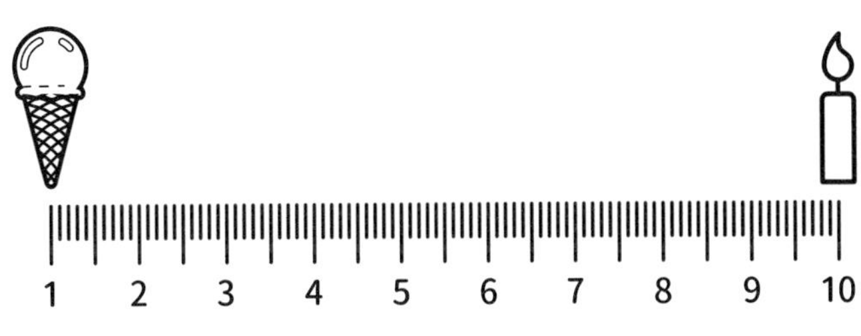

予、為他人奉獻。

「但為什麼要在這之前先討論其他三個輪子呢？」你可能會問。「如果人生的目的是為他人付出，為什麼我們要先討論理解自己、討論在工作與人際關係中找到快樂？這聽起來不是很自私嗎？」

要了解這一點，必須向氧氣罩學習。

本書的許多故事都來自於我的旅行經驗。

每個航班都有須遵守的安全指示，有些是常規，比如繫好安全帶；有些則是為了因應緊急情況，希望永遠不會用上，例如穿救生衣或戴上氧氣罩。

當機組員在飛機上示範氧氣罩如何使用時，座艙長透過廣播說明：「如果機艙內氧氣供應量不足，氧氣罩會從你頭頂的面板上掉下來。要讓氧氣開始流動，請將面罩朝你的方向猛拉，牢牢蓋住口鼻，並將鬆緊帶固定在後腦勺，然後正常呼吸。**在幫助兒童、嬰兒或其他人之前，請先確保自己的面罩已牢牢固定**。」最後一段話聽起來是不是很自私？

當然應該先幫助別人，再幫助自己！我們應該明白，除非先幫自己吸入氧氣，否則無法真正幫助他人。

唯有擁有財富，才能與他人分享財富。同樣地，只有當我們知道被愛是什麼感覺，才能愛別人；只有當我們對自己感到充滿希望，才能給別人帶來希望。總之，人只能給予他人**自己擁有的**。

如果前面三個輪子沒有得到滿足與平衡，就試圖去幫助他人，我們將無法給別人一些有價值的東西，甚至會發生**同情疲勞**的狀況。同情疲勞是指幫助他人時感受到的壓力狀態。因為過度專注於他人的痛苦，使自己也開始感到痛苦。

過度關心他人可能是有害的。

不注重自我照顧的照護者，會隨著時間的累積發展出破壞性行為。因此，我們需要稍微自私一點，才能穩健地開始人生的旅程，達到完全無私又不損害自身福祉的境界。

我相信完全無私是可做到的，但這需要過程、需要經過一段旅途，而非經由單一事件能夠達到。

要辨別什麼狀態是無私、什麼狀態是因為「過度關心」而對自己造成傷害，確實需要智慧。服務的原則與實踐，就位在冰淇淋到蠟燭這段光譜的中間位置：既自私又無私。

我的手仍放在哈利肩上。在過去幾小時裡，我們更親近了。敞開自己的心並允許他人向你敞開心，能打造出深厚的友誼。

那一刻，哈利展現了徹頭徹尾的無私——他唯一的想法是幫助他的妻子。他著急到差點將手機和鞋子忘在寺院，早些時候談到妻子時的憤怒似乎完全平息了。有時，正是生活的試煉讓我們意識到對某人的愛有多深。

當我們穿梭在車陣中，沿著海岸往原路駛去時，我對哈利說：「別擔心，哈利，一切都會好起來的。看看你對妻子的愛有多深。」

他感激地對我一笑，然後又將注意力集中在路上。

我也回到了自己的思緒中。

重點總結

◉冰淇淋代表的人生哲學是：在融化之前獨自享用。

◉蠟燭代表的人生哲學是：在融化之前照亮他人。

◉爲了幸福快樂，我們應該改變態度，從冰淇淋到蠟燭，從自私到無私。這會透過服務展現出來。

◉必須小心「同情疲勞」，深自警惕。這意味在試圖幫助他人時，必須平衡自己的所有輪子。這就是既自私又無私的原則。

18 無私始於家庭

無私的第一步，是與家人一起實踐。

你不能選擇家人，他們是神賜予你的禮物，如同你也是他們的禮物。

——戴斯蒙．屠圖，南非榮譽大主教

要從冰淇淋變成蠟燭，這趟無私之旅需要從特定的地方展開。人通常在外人面前可以表現得無私。人們可能會在社區、寺院或學校幫忙，甚至會透過自拍向全世界宣布他們提供了幫助。但在家裡，他們可能不會表達同樣的服務心態。

而我相信無私始於家庭，始於我們最愛的人。

我們是否正盡己所能地幫助家人？我們是否隨時隨地為家人提供外在和

情感上的幫助？唯有當家庭成員對彼此的期望較低，但對於自己幫助其他家人的期望較高時，家庭關係才能良好運作。

這一刻，哈利就是為所愛之人服務的榜樣。我想到的另一個人是拉塔・卡蕾，她為丈夫奉獻付出的故事深深打動了我的心。

為愛而跑

拉塔・薄伽梵・卡蕾六十五歲，住在馬邦波達納區的小村莊。

她的生活很簡單，每天都會和丈夫去地主的農場，賺取剛好維持生計的收入。他們的房子很小，但從農場得到的食物已足以溫飽。

他們把為數不多的畢生積蓄都花在三個女兒的婚禮。現在對孩子的責任已了，夫妻倆終於可以享受簡單的生活樂趣。兩人彼此相伴、形影不離，完全理解對方。他們的關係印證了一個人生法則：無須奢侈就能獲得快樂。

有天，拉塔從農場回來後，丈夫說自己不太舒服。拉塔嘗試了各種草藥，但丈夫並沒有好轉。當地醫院的診斷為嚴重感染，醫師建議他們去規模更大、設施更完善的醫院進一步檢查。

拉塔不知所措。他們連去醫院的車資都不夠，更不用說醫師建議的昂貴檢測所需的費用了。她淚流滿面，萬分無奈地把消息告訴丈夫。她怎能讓丈夫死在自己懷裡？

拉塔鼓起勇氣，把自尊留在門口，走進鄰居和親戚家裡，請求他們幫忙湊錢以挽救丈夫的性命。在眾人的幫助下，他們終於來到了大醫院。這不是他們習慣的地方，因而感到十分不自在。醫院裡一些人對他們投以異樣的眼光，有些人則無視他們，好像他們是隱形人似的。拉塔並不氣餒，而是鼓起更大的勇氣，要求看醫生。接待處的人收取了掛號費後——這筆錢幾乎是他們僅有的一切——要求他們在候診室等候叫號。她坐在那裡，看著那些看起來很重要的人在走廊上來來去去，說著她聽不懂的醫療術語。她的中間名是薄伽梵（意思等同於梵語中的「神」），她向神祈求，希望祂能拯救她的丈夫，也是她最親愛的朋友。

輪到他們時，拉塔的丈夫被叫進診療室。檢查後，醫師給了她一份進一步檢查的清單、處方箋和住院治療建議。

拉塔坐回椅子上，世界突然一片黑暗。

「我沒有錢，也無處可籌錢，我怎麼負擔得起這些費用來幫助我一生的摯愛？」拉塔心想。淚流滿面的她和丈夫沉重地走出醫院。

他們負擔不起醫院餐廳的食物，便在公車站的咖哩餃攤買了兩個炸咖哩餃，準備在回村子的公車上吃。拉塔滿腦子想著，這可能是丈夫的最後一餐了。小販用報紙把點心包起來，笑著遞給她。當她吃著報紙包裹的炸咖哩餃和沾醬時，看到了一個標題：「帕拉瑪帝馬拉松比賽：贏者可獲得獎金」。拉塔的心漏跳了一拍，但很快又恢復節奏。她需要心臟為她即將參加的比賽繼續跳動。

第二天，當每個人都在比賽起跑線排隊時，拉塔・卡蕾穿著她的紅格子馬邦風格紗麗站在那裡。她打著赤腳，眼裡含著淚水，正與主辦單位爭辯，希望他們讓她參加馬拉松。

他們拒絕了。

她六十五歲了！他們不希望她在設法救她丈夫的過程中發生意外。

經過一小時的苦苦哀求，他們終於同意讓她參賽，並在她的衣服別上號碼。當拉塔開始跑步，人們轉身看著她並大笑。很多人都以為她是帶兒子或女兒來參賽的，因此看到是她自己在跑，都感到很震驚。她沒有注意到其他竊笑的競爭對手。

這是讓人鼻酸的景象。已經為這場比賽練習了數個月的青少年和年輕人，與一旁將紗麗繫在腳踝上方的老太太排成一列。她一生中從未參加過比賽，更別說是馬拉松了。她的競爭對手幾乎不知道，一個年齡足以當他們祖母的人即將給他們上一課。

除了對丈夫的愛，她什麼也不想。這場比賽可是攸關生死，幾塊鵝卵石豈能阻止她前進？

拉塔像風一樣跑著，只專注一個目標——終點線。腳上紗麗被汗水浸濕，拉塔的腳也開始流血，但她繼續跑著。即使她只是完賽，也算是一項成就了。目睹眼前這一幕奇觀的人都為她歡呼，他們被她跑步的理由感動。比賽沒有參加獎，如果她沒有獲勝，故事將毫無意義。

但她做到了！

主辦單位無法相信，來自小村莊的六十五歲馬邦婦女拉塔．卡蕾贏得了比賽。帕拉瑪帝街頭的人群為她鼓掌，慶祝她的勝利，她是當地人的英雄，但她不在乎眾人關注的目光。

她領取了獎金，走進醫院，讓丈夫接受了最好的治療，同時也讓自己的腳纏上幾條繃帶！

她唯一的動機是救她的丈夫。

正如人們所說，世上最強大的力量就是愛。

拉塔在接下來的兩年接連獲勝，但這又是另一個故事了。我想把這個故事告訴哈利，但現在還不是時候。他的情況和拉塔很相似，如同拉塔幫助她的愛人，哈利在那一刻也竭盡全力地在幫助他的愛人。

無私始於我們的家庭，但不應僅止於此。

為了擴大無私圈，我們也應該幫助那些我們無法直接關心和影響的人。

重點總結

◉不一定要像拉塔那樣跑馬拉松才能表達對所愛之人的奉獻。無私地幫助家人、爲維持家庭關係而做出的日常犧牲，都是無私的展現。

◉無私圈不應只限於家人，也應幫助那些我們無法直接關心和影響的人。

19 為社區和國家服務

為社區、城市，甚至國家服務，可以將無私的範圍擴大到家庭之外。

我們都需要服務的心態。不僅僅為自己服務，幫助別人成長的同時，我們也和他們一起成長。

——大衛．格林，美國手工藝材料連鎖店 Hobby Lobby 創辦人

穿梭在車陣中的我們很感謝自己對這座城市的熟悉，讓我們得以抄捷徑抵達醫院。

你或許難以置信，但這讓我們看到只走固定道路將會錯過多少。

我看到了以往從未見過的地方，其他人則震驚地看到一輛高級車，副駕駛座上還坐著一名僧人，從他們的街區飛馳而過。引擎的轟鳴聲震耳欲聾，

然而對我們而言，這巨大的聲響代表可以更快地去到拉麗塔身邊。

可能是因為在返回寺院路上的深入交談，讓我們錯過了那些風景，但走另一條路也讓我們看到了塞車的原因：一團吞沒建築物的熊熊火焰，讓孟買這座城市的交通陷入停擺。

滾滾濃煙從三層公寓的樓頂升起，在天空形成螺旋狀，眼前的景象實在駭人。停下來盯著這幕看的人們，讓周圍的交通越來越擁擠。警察盡力驅離圍觀的人車，街上的消防車閃爍著紅燈，我們還看到一些武裝的士兵在現場協助。

我的注意力落在兩個男人身上——一個是消防員，另一個是士兵——他們正協力從消防車上取下一根長水管一起奔向前，站在火焰旁試圖擊退大火。

災難發生時，團隊合作至關重要，人們必須團結起來。這些人做出的奉獻與犧牲，讓我想起了印度軍隊的另一個人——我的朋友蘇尼爾．庫馬准將。在告訴我自己的故事時，他哽咽了。輕易展露情緒的軍人並不常見，因此我問他怎麼了。雖然他什麼也沒說，但我猜他是在表達自己對那些勇敢為國家服務的士兵的愛。

擴大影響力幫助社區和國家，比僅幫助家人更令人滿足，蘇尼爾．庫馬的故事完美展現了這一事實。

為國家服務

「印度軍方的突擊隊排成一列，四周被斯里蘭卡茂密的叢林包圍，樹葉嘎吱作響，」蘇尼爾．庫馬開始說道，「每個突擊隊員的臉上都塗有黑色和綠色的迷彩來偽裝，手指暗自探向半自動步槍，無法信任樹冠上熱帶鳥類穿梭時發出的沙沙聲與鳴唱聲。我們彼此對望，一股不安的沉默籠罩著小隊，因為我們知道接下來將發生什麼事。

「突然之間，鳥兒聽到槍聲，從樹頂飛躍入空中。是塔米爾伊拉姆猛虎解放組織襲擊了印度的維和部隊。埋伏在此的塔米爾之虎以 AK-47 步槍擊中了印度特遣軍隊。我們趴在地上找掩護，隨著子彈風暴的回聲尋找聲源處，向東開火。

「大部分的士兵都逃走了，不確定還剩下多少人。那是一九八八年，當時的科技還沒有今天那麼先進，需要一些時間才能查明叢林地上有多少人員傷亡。部隊接到斷斷續續的來訊，說一名突擊隊員受了重傷必須撤離。那位突擊隊員在哪裡？不知道。他受了多重的傷？不知道。他身邊有多少人？只見更多的不確定性在眼前開展。然而，我們被下令幫助和營救那位突擊隊員。

「我們展開了險惡的跋涉搜救行動，途中看到了在我們之前穿過叢林的人的腳印。蜿蜒曲折的小路順著水流，帶我們穿越陌生的領域。抵達傷兵所在地的速度比預期快。當你知道有人身處險境，你會更努力地想幫助他。雖然仍聽得到遠處的槍響，但我們算是相對平安無事地找到我們的人。」庫馬補充道。

「在見到那名傷兵之前，就可聞到血肉的惡臭。他受了重傷，部分內臟從極深的傷口中掉落出來，鮮血噴湧而出。『我不想死！』他看到我們時痛得尖叫，『告訴我的妻子和孩子，我愛他們。告訴我的同胞，我愛他們。』他繼續喊道，無法抑制自己的情緒。情況緊急，我們得不惜一切代價把他救出去。任何聲響都會吸引塔米爾之虎向我們撲來。

「我們打開帶來的擔架，迅速將他抬上去。在腎上腺素像氧氣一樣到處流遍的情況下，急救很困難。『這裡有傷者，呼叫直升機撤離！』我對著攜帶式通訊裝置說話。

「『辦不到。』對方回答。

「叢林太熱，而且看不到一片平野，他們不能冒著直升機被炸毀的風險。我們不得不另想辦法，將傷者送往軍醫院。

「考慮到他的危急情況，眼下只有一個選擇。我們把他放在擔架上，然後迅速移動到最近的道路，在那裡攔下了一輛車，並控制情勢。我是喀拉拉人[5]，因此我設法偽裝成斯里蘭卡人，融入當地人就很容易說服司機送我們去醫院。這是危險之舉。如果遇到的是塔米爾之虎的同情者，就沒有希望了，他們因隨意攔車盤查而惡名昭彰。但最後，我們成功穿過叢林，及時趕到一家軍醫院，並讓我們受傷的戰友得以活著講述這個故事。

「幾個月後，他回到了原本的單位，準備再次執勤。這就是軍中的情誼，我們願意為彼此和國家犧牲。正是這種精神激勵我們更想服務。」

蘇尼爾．庫馬不只談到叢林的高溫，還提到了在地球最高戰場——喜馬拉雅山脈的錫亞岑冰川上的時光。

談到軍中的團隊精神，他說：「我當時正在指揮一群人保護冰封的印度邊境，那裡位在一大塊冰原上。冰川上的生活不可預測，隨時可能發生雪崩，將人埋入成噸的冰雪之下。或者，在我看來，更糟的是冰川以隨機崩裂聞名，冰地裂開，形成兩百五到五百公尺深的峽谷。以前也發生過走路一不留神摔進去，無法救援的情況。當深淵內的溫度驟降至攝氏負一百度，身體會瞬間結凍。

「我們想出了一種安全做法。用一根長繩子將所有人一一綁起，如果其中一人掉進冰縫，其他人就可以用冰鎬固定在地上，然後眾人一起把他拉上來。我們冒著生命危險，不僅僅是因為在戰場上戰鬥，還因為致命的嚴寒直接危及心臟和身體機能。正是團隊精神讓我們能為彼此和國家冒險犯難。」庫馬准將回憶道。

當輪胎發出刺耳的煞車聲，我的思緒仍凍結在錫亞岑冰川上。

5 譯注：喀拉拉邦位於印度西南部，與斯里蘭卡島隔著海峽相望，地緣位置相近。

我在想，我們所有人得以在夜裡安睡，只因為軍隊裡堅強的男男女女隨時準備好面對各種挑戰，甚至可以犧牲自己的生命來保衛國家和公民。作為一個國民，我們對軍隊能做的最低限度回報，就是努力讓自己配得上他們為我們做出的犧牲。

我們已經抵達醫院，我將全部注意力轉移到哈利身上，他氣力用盡地坐在駕駛座，手握方向盤下緣。他停了下來、喘口氣，一改先前開車時狂躁的情緒。「如果她沒能撐過去怎麼辦？」哈利看著我的眼睛說。

「沒能什麼？」我回答。

「如果她從我身邊被帶走了怎麼辦？」他喊道。

人唯有處在極度悲痛的時刻，才能明白其他人對我們有什麼意義。我這麼想著。

我靠過去給了哈利一個擁抱，什麼也沒說。

他用西裝外套口袋裡的手帕擦了擦眼淚。對他而言，這是情緒疲累的一天，而且還會更加疲憊。

他吐出一口氣，打開門。

當哈利進入醫院迎接命運時，我也從副駕駛座那一側跳下車，跟著他。

重點總結

◉擴大無私圈能有效地爲社區和國家服務。保衛我們安全的士兵和幫助管理國家的公務員的英勇努力，在在表明了這一點。

20 服務帶來喜樂

在梵語中，服務被稱為「seva」。為服務添加靈性元素，可以讓服務變得更加令人滿足。

你為他人的服務，正是你為自己在地球上的房間支付的租金。

——拳王阿里

醫院環境嘈雜，身穿白袍的醫師神態自信地走來走去。這是理所當然的，他們的一舉一動可能意味生與死、悲傷或幸福的家庭、有機會實現或永遠埋葬的夢想。他們有能力有所作為。

哈利衝向接待櫃臺。

「我能幫上什麼忙嗎？」櫃臺服務人員對著哈利微笑，對他的急迫毫無反應，反而多看了我兩眼，對我不尋常的衣著很感興趣。

「我想知道拉麗塔的病房號碼……」哈利的話被接起電話的櫃臺人員打斷。「請稍等，先生……『這裡是醫院，有什麼需要幫忙的嗎？』」櫃臺人員已經按下電話接聽鍵。

哈利哼了一聲，咬緊牙關，手指敲著櫃臺，死寂的目光瞪了接待員一眼。他提高了音量：「我需要拉麗塔的病房號碼……」接待員仍沒有注意到哈利，她稍微轉了轉椅子，用手指玩轉纏繞著電話線。

「艾爾。心率穩定，身體發熱，抵院後有嘔吐現象。」一個年輕醫師對他跟著的年長醫師說。那位年長的醫師看上去威風凜凜，周圍十個人都對他畢恭畢敬，那些人似乎是跟隨他的學生。他們被他說的每一句話吸引著。哈利無意中聽到了自己的姓氏，於是跟著他們闖進醫學生的小圈圈裡。

「你是說艾爾嗎？」哈利問剛剛在說明病況的學生。

那個學生看著他的導師，不知該如何回答。「我們不能向你透露任何患者的私密資料，先生。」學生謹慎地說。

「我是哈利．艾爾，拉麗塔．艾爾的丈夫。你剛提到的艾爾是她嗎？拉麗塔．艾爾？她在哪裡？」哈利問道，無視學生，將問題拋給他們的導師。

「艾爾先生？」那個導師說，「你好，我是哈希爾．夏哈醫師，我們之前通過電話。」

哈利用雙手握住醫師的手。「拉麗塔在哪裡？發生什麼事了？」他仍緊握著醫師的手，很清楚夏哈醫師是他妻子的生命線。

「請跟我來，先生。我們只是在做一些檢測。」夏哈醫師回答道。

醫師沒注意到我。他迅速走上樓梯，途中，戴著白帽的護理師沿路遞給他病歷。哈利追著醫師，醫學院的學生則追著哈利，興奮得好像看到了什麼有價值的東西，而我知道自己也必須為我的朋友追上整個醫療團隊。

哈利和我都被安排在一樓的等候區，我們要等一段時間才能見到拉麗塔。夏哈醫師確認拉麗塔就在這一層樓後，帶著那群見習醫師很快地離開了。

我們不太清楚發生了什麼事。哈利的臉色十分凝重。他閉上眼睛，雙手合十，看起來像在祈禱，但我不確定。

醫師陸續把人叫進去看診或看望他們的親人，直到三十分鐘過去，夏哈醫師才叫到哈利：「哈利．艾爾，拉麗塔現在可以見你了。」

「出了什麼問題？」哈利邊說邊走到醫師身邊，「她沒事嗎？她在哪兒？」他沿著走廊走進妻子的病房。

我坐在等候區，擔心可能發生最壞的情況。我環顧四周，看著醫師與他們的病人互動——充滿愛和同理心——我想到了驅使靈修者行動的本能，也就是「seva」或無私的服務。

我的思緒回到二月初，回到我們團體在孟買米拉路上經營的醫院，以及啟發了在那裡工作的醫師的價值觀。他們之中的許多人駐紮在帕爾薩納聖地，在一年一度的牙科與眼科義診中投入時間、技能與心血，為最需要的人服務。

我想起來自倫敦的朋友米內．拉尼加說的夏季牙科義診的故事，他當時也是一名牙科學生。

牙科義診的奉獻

帕爾薩納位於新德里以南兩小時車程處，是奉愛瑜伽踐行者的神聖之地，是那些從小就以靈性為生活重心、汲取無私與愛心服務品質的人的家園。然而，也正是這些人缺乏最完善的健康照護系統。許多人因看不見需要戴眼鏡，或因無法進食需要牙科診療。

帕爾薩納的牙科與眼科義診，每年至少為該地區數千居民提供一次救濟，米內也曾幫忙過牙科義診。

距離著名的史里吉寺院步行幾分鐘的一處道場，在義診週搖身一變，成了臨時的牙科診所。義診前幾週，幾名志願者會走訪鄰近村莊，趁機向村民宣導如何改善牙齒健康。牙科義診從早上八點開始，但凌晨四點已經有數百人排隊等候這個解決牙齒問題的良機。

開始看診時，牙醫會對患者進行簡單的評估，並給他們一份醫師簽名的治療建議。患者會根據不同的病況進到各診療室，補牙、拔牙，或是裝上下排整副假牙。

米內告訴我：「我在為老年患者製作假牙這方面提供協助。在懇求並說服我在倫敦的教授後，我獲准從課程中抽出一些時間來參加牙科義診。來到這裡之前，我從未做過一副假牙，更不用說在接下來一週內要做出四十副了。當時我想，我想當一個配得上這些同僚的人，不僅僅是他們在牙科方面的專業技能，而是他們對這些物質匱乏的人表現出的愛。這些人可能什麼都給不了他們，只能以由衷的祝福回報。

「我接受了合格牙醫的所有步驟指導，但有點尷尬的是，我不知道他們解釋的基本術語。幾次練習後，我決定自己為一名患者完成一副假牙，從頭到尾完成所有步驟。就在那時，我遇到了南古。」米內繼續說道。

「南古是一位在帕爾薩納出生成長的七十五歲婦人，一生從未離開過村莊，過著簡單的生活，照料她的奶牛和農場。每次她來找我，都是以樸素的紫色紗麗遮住部分頭部，並穿著一件破舊的橙色毛衣。生活貧困的她住在簡陋的茅草屋裡，財產很少，但很明顯地，她內心擁有深層的財富，即是對女神史瑞瑪蒂．拉達拉妮的愛。

「『我是來自倫敦的牙科學生，』我用蹩腳的印地語對她說，『我來這裡是為了替妳做一副假牙。妳想要嗎？』

「她點了點頭，談到自己不得不在缺乏牙齒的情況下進食的問題。你可以從她的眼中看到感激之情，以及擁有牙齒對她意味什麼。她容光煥發，用祖母般的愛沐浴著我。因為現場就有技術人員，以往通常需要幾個月的假牙製作過程，可以縮短到僅需三天。第三天，是時候把假牙交給南古了。

「當她走回診間，你能感覺到她內心的期待，就像一個孩子在聖誕節或光明節[6]興奮地打開禮物。我先在她嘴裡試了上排假牙，接著試下排。眼前的景象讓我十分苦惱——她的下排牙齒在上排牙齒前面。

「『我該怎麼辦？』我纏著一位比我更有經驗的資深牙醫。

「『她是刻意把下排牙齒往前的，這要讓她自己習慣。』資深醫師在治療自己的病人時平靜地說。多年沒有牙齒的南古為了進食方便，已經習慣將下顎向前推，但可以透過幫助她練習將下顎放回正確的位置來改善這種狀況。

「『感謝神！』我心想。雖然這是志工服務，沒有業績壓力，但我仍有

6 譯注：北印地區最大的節日，慶祝神戰勝惡魔，光明戰勝黑暗，善良戰勝邪惡。通常在每年的十到十一月。像華人的新年一樣，所有人都會趁此假期返鄉過節，與家人團聚。家家戶戶都會點燈裝飾。

很大的責任感，想確保南古有一口好牙。這婦人就像是我的親奶奶啊！

「過了一段時間，她的下顎就定位，假牙也咬合在一起了。」米內說，「我握著她的手，扶著她從花園的椅子上站起來。再次強調，這只是臨時的牙科診間！我慢慢地帶她走向掛在診間一旁空曠庭院裡的鏡子。走過去時，我請她先閉上眼睛。當我們站在鏡子前，我請她睜開雙眼。十五年來，她第一次看到閃亮的新牙齒。擦去鏡子上的一些灰塵，南古咬著牙，小心翼翼地適應咬合。靠近鏡子時，眼淚從她的臉上流了下來，我也忍不住哭了。她坐在鏡子旁的階梯上，我蹲在她身側，她溫暖地摸著我的頭髮。我雙手合十，接受她的祝福。『這對你意味什麼？』我問她。『這意味我可以正常進食和咀嚼。這意味我晚上可以填飽肚子了。』她笑著說，眼睛閃閃發光。知道我的服務能為她的生活增添一些價值，這一刻我感動無比。」

服務的驅動力

是什麼驅使了米內為他人服務呢？是什麼驅使了所有在生活中以靈性力

量幫助他人的人呢？

當我們與自己連結，也與神產生連結時，我們的理解、價值觀和最基本的思維方式就會發生轉變。

真誠地實踐靈性將獲得更高層次的人生觀。

我們將明白，為自己而活能滿足頭腦與感官，卻無法滿足內心深處的需求。當我們全心全意為自己服務，過著表層的生活時，就像衝浪者在乘風破浪，卻看不見波浪底下的東西。這麼做或許能滿足自己的需要與種種考量，卻永遠無法獲得真正的滿足。

然而，實踐靈性能讓我們變得像潛水伕，在洶湧的波濤之下找到超越享樂主義、更深層次的快樂。

唯有感受到想要為他人服務的愛，才可能體驗到這種深刻的喜樂。這份愛要如何維持？須透過靈性與神連結。對神的愛包括三件事：

- **正確的行動**：必須透過正確的行動來表達愛，以符合靈性原則的方式待人處世。

- **正確的意圖**：我們的意圖必須是無私的。當人希望以服務換取回報，例如聲望或金錢時，意圖就會受汙染。正如多次蒸餾能使水更為純淨，不斷檢視自己的意圖能使其更為澄澈。
- **正確的心緒**：必須以有利於自我成長的方式服務。因為「不得不」或認為「這是正確的事」而服務是好的，但仍與發自內心的服務不同。

當這種愛存在我們心中，就會泉湧而出，自然而然地讓我們想為他人付出。我曾聽過一位智者舉大黃蜂的故事為例。

「有一次，一隻大黃蜂飛來飛去，看到一罐打開的蜂蜜。興奮的大黃蜂決定潛入罐子裡，將美味的蜜液完全沾覆在自己身上。當大黃蜂飛出罐子時，牠衝向其他大黃蜂，告訴牠們發生了什麼事，過程中，幾滴蜂蜜從嘴裡飛濺到其他大黃蜂身上。對於大黃蜂的朋友來說，這簡直不可思議，牠們只因為那隻大黃蜂的熱情和行動就得到了蜂蜜。同樣地，當我們深深愛著神，自然會想與所有人分享，那是因為一個與神連結的人富有慈悲與共感的心。

體驗到對神真摯的愛的人會有的『症狀』是：能憐憫人們在這世上經歷的苦難並感同身受。」智者說。

同樣地，耶穌基督在《聖經》中說：「你要盡心、盡性、盡意愛你的神。這是誡命中的第一，且是最大的。」然後祂說，因為遵循了愛神的最高誡命，我們開始「愛人如己」。這意味當我們變得具有靈性意識並體驗到對神的愛，便能對他人的痛苦感到憐憫。

這在梵語中稱為「para dukha dukhi」，即「在他人的痛苦中感到痛苦的人」。而在現代世界，人們有時會「para dukha sukhi」，也就是「樂於看到別人痛苦」。

然而，真正的慈悲源於靈性。

我能理解哈利感受到的痛苦，但我還沒有達到「para dukha dukhi」的境界，也就是真正感受到別人正在經受的痛苦。

儘管如此，在這段充滿壓力的時間，我還是努力撫慰他，透過話語給予安慰。

我坐在等候區，氣氛緊張的幾分鐘過去了。我正在考慮可能發生的最壞情況，並祈禱我的猜想是錯的。

「達斯先生？高樂．谷巴．達斯先生？」夏哈醫師說，「哈利和拉麗塔想請你到病房裡。」

我吞了口口水，用橙色棉質披巾裹住自己，不確定是為了保護自己免受強力空調的影響，還是下意識想避開即將聽到的消息。

我沿著陰暗的廊道走到一一六號病房，敲了敲門，緩緩轉動門把。

拉麗塔躺在床上，哈利坐在她身邊的小凳子上，握著她的手。房間裡的護理師離開了，讓他們可以私下談話。我尷尬地站在他們面前。

「我們有事要和你分享。」哈利說。

我很高興自己正在醫院裡，因為我的心臟正以超乎想像的速度將血液送往全身。

「但不是你想的那樣。」他讓拉麗塔接著說。

「哈利和我一直努力想要個孩子，今天我才知道，我嚴重的晨吐其實是個好兆頭。哈利和我要有孩子了！」

我大大鬆了一口氣，加入了哈利、他的母親和拉麗塔的行列，熱烈地祝賀他們。他們三人無法自制地笑了起來。

剛才氣氛還陰暗沉悶的醫院——一個充滿死亡與疾病之地——現在卻成為帶來新生命的地方。

那天，我在病房裡嚐到的喜樂滋味棒透了。

那絕妙滋味無與倫比，也許僅次於另一樣東西——拉麗塔妙不可言的酸豆湯。

重點總結

◉在梵語中，服務稱爲「seva」。爲服務添加靈性元素，可以讓服務變得更加令人滿足。基於我們與神的連結，善用自己的技能與潛力爲他人服務。我們在帕爾薩納的牙科義診知道了米內的故事。

◉從靈修中生出服務心：「體驗到對神眞摯的愛的人會有的『症狀』是，能憐憫人們在這世上經歷的苦難並感同身受。」

◉我們必須以正確的意圖及正確的心緒採取正確的行動，才能成爲具靈性意識的人。

附錄一 寬恕工作表

1. 確認原因

想想自己想原諒的人，以及你想原諒對方的原因。接著向後靠坐，放鬆、吸氣，屏住呼吸幾秒鐘，然後吐氣。這項練習可能會釋放很多情緒——請讓它們自然地流動。完成這項練習後，在以下空白處寫下想原諒誰、什麼原因。舉例來說：「我想原諒山姆在所有朋友面前對我大聲說話。」

2. 試著站在對方的立場

設身處地，換位思考。回想當時的情況，試著理解對方為什麼這樣對你。重要的是了解對方的意圖，以及這樣對待你的可能原因。當我們了解對方以這種方式行事的可能原因，也許會更容易原諒。

舉例來說：「山姆那天似乎很緊張。我認為他可能在家裡遇到了一些問題。這可能就是他以不尋常方式對我說話的原因。」

3. 確認對方的想法

要確認對方那樣待你時的想法，可以採用下列方法的任一種：

① **直接接近對方**：運用機智去了解對方的思維。日常交談便可能有助於發現他們為何如此行事。請注意，不建議以指責的態度和對方交談，情緒化可能使情況變得更糟。

② **接觸可以幫助你了解對方情況的人**：可能是對方的家庭成員或好友。

③ **耐心等待真相出現**：如果前兩種方法都不可行，請保持耐心以等待真相揭露。讓時間為你揭開更多內幕。

請將嘗試的結果寫在以下空白處。

4. 預見可能出現的困難，但同時試著去發現原諒對方的好處

試著想原諒某人時，某些情況和情緒可能會在腦海中重現，讓自己難以完全放下。你可能感到受傷、憤怒、不平，不論產生什麼情緒，都請寫下來。請透過書寫抒發受傷的感受，漸漸讓這種感覺消失。

舉例來說：「原諒山姆很難，因為我知道自己沒有做錯任何事。忽略自己是對的這個事實並原諒山姆，對我而言很難做到。然而，原諒山姆有助於我們的關係成長，所以這是正確的做法。」

5. 記住對方為你做過的所有好事

回憶對方為你做過的所有好事，會在過程中幫助你原諒對方。

舉例來說：「我想原諒山姆，因為這意味當我和他說話時，我將不再感到不自在，也不會在腦海中一再重播往事。我非常感謝山姆多年來為我所做的一切。」

6. 想想寬恕對方後，自己想過怎樣的生活

- 原諒並忘記一切。（再次相信這個人。）
- 原諒、觀察，然後信任。（看看這個人在你再次信任他之前，是否改善了自己的行為。）
- 原諒，但仍不信任。（你可以原諒這個人，但決定不再與對方建立信任關係。）
- 原諒，然後採取行動。（你可能會原諒這個人，但仍需要採取法律或實際行動。例如：你可能會原諒配偶出軌，但仍決定分居。）

在以下空白處，寫下你在寬恕對方之後想過怎樣的生活，以及你為什麼要這樣生活。舉例來說：「我會原諒並忘掉山姆前幾天是怎麼跟我說話的，因為山姆不像他平時那樣溫文有禮，這實在很少見。」

7. 查看你的寬恕確認清單

你應該已經記下了：

- 你想原諒的人，以及你想原諒對方的原因。
- 從對方的角度看到的情況（在你看來）。
- 確認對方那樣對你的意圖。
- 試著原諒對方時可能出現的任何困難。
- 對方為你做過的所有好事。
- 你想採取的做法：原諒並忘記一切；原諒、觀察，然後信任；原諒，但仍不信任；或者原諒，然後採取行動。

附錄二　生之意義（ikigai）工作表

1. 確立目標

① 寫下自己喜愛並且擅長的工作／技能

・**喜愛的事**：即使沒有報酬，做這件喜歡的事也能讓自己開心。回想生活中有過這種感覺的時刻，這些記憶是否有連貫的共同線索？

・**擅長的事**：要了解自己是否擅長某件事，可以請周圍的人給你誠實的回饋。比如，你覺得自己擅長演講，你周圍的人也這麼認為嗎？提供建議的人是否為該領域的專家，給出的建議是否具公信力？

②你能靠熱中的事謀生嗎？

有些人不想因為做自己熱愛的事而得到報酬。好的，可以！然而，許多人在夢想全心全意過上自己的目標生活時，實際上卻在從事毫無前景的工作。但全身心的投入也要兼顧現實！許多人可能需要支付孩子的學費，或不會等人的貸款。請在以下空白處簡要說明你如何獲得報酬來做喜愛的事。

③你能將自己的熱愛變成目標嗎？

世上最幸福的人正是助人者。你找出的這種熱愛之事，是否有助於為世界做出貢獻？一旦清楚能如何用來為他人服務，熱愛的事就能成為目標。可以透過使用以下「3R」的任何一項，將熱愛變成目標：

‧**相關性**（**Relevance**）：你的熱愛是否與幫助他人直接相關？例如，當教師會是個有報酬的職業，可以藉此謀生，同時豐富年輕人的思想。

‧**資源**（**Resources**）：你的處境是否允許你善用優勢來幫助他人？可能是以地位造成改變、以金錢幫助慈善事業，或以人際網路來改變人心。

‧**剩餘時間**（**Remainder of your time**）：你的情況可能會給你靈活度，讓你有時間在日常工作之餘投入你熱中的事物。有很多人整天在辦公室工作，但下班後很活躍地為無家可歸的人服務。

我要強調的是，目標並不一定要是「改變世界」這類偉大的聲明。可能你確實有偉大的意圖，但是以微小的方式來改變世界。小額捐款可能會匯集到更大的人際網路，由一群人共同努力來提供幫助。例如，如果想幫助無家可歸的人，你能聯繫上與你有共鳴的組織或團體嗎？

在以下空白處寫下你願意如何利用你熱愛的事為他人服務。

2. 阻礙你找到「生之意義」的常見問題

- 我目前的工作收入不錯，不能放棄。
- 我不知道從哪裡開始。
- 我不知道自己是否夠優秀，可以在喜愛的事情上得到報酬。
- 我沒有家人的支持。

這些是人們找不到「生之意義」的常見原因。

寫下你覺得可能遇到的困難，並找出克服的方法。

一開始，你可能無法全職從事自己喜歡的工作，但你可以設法從業餘時間開始。

3. 確認自己的「生之意義」

找到「生之意義」後，請與朋友、該領域的專家，以及重視你最大利益的人再次討論。你可能會想，並不是每個人都有「專家」朋友，但我想提醒的是，別去詢問那些不了解你感興趣主題的人，例如醫師無法說明車子出了什麼問題，工程師無法告訴你咳嗽的原因。

請在以下空白處記下你詢問過的人對你發現的「生之意義」的看法。

【後記】

願我的嘗試，能為你帶來正向的改變

二〇一七年五月九日，我接到印度企鵝藍燈書屋的執行總編輯兼版權暨語言出版主管沃夏莉・瑪塔女士來電。她在網路上看過我的幾支影片，想探問我合作出書的可能性。這提議聽來讓人很興奮！我一直堅信，要幫助人們改變生活，就必須幫助他們重新定義思維。二十多年來，我一直努力透過演講和講座做到這點，現在，出書是個讓這個目標更進一步的絕佳機會。

我很自然地想馬上說「好」，但內心有什麼東西阻止了我。

我給了對方制式的回應：「讓我們再看看，我會盡快回覆。」事後想想，我這麼說一定讓她很挫折。我語帶保留，只因為我不是作家。除了多年前創作的幾篇文章和詩歌，我的筆只用來簽署文件、鍵盤只用來敲打我的日記與種種紀錄。

過了幾天，按捺住興奮感後，我開始認真考慮出書的事，也剛好接到倫敦一位老朋友斯魯提．達瑪．達斯的電話。早在我開始在網路上曝光之前，他就一直是我的支持者，而出乎意料地，他來電正是要提醒我需要寫一本書。「這是你的下一步，」他說，「演說家應該要有一本書來補充演講的內容，這會讓大眾真正受益。他們可以把你的演說內容帶回家！無論如何，對於經常開口說話的人，寫作應該不是難事。」他的好意讓我受寵若驚。

缺乏寫作經驗並不是唯一的問題。寫書需要集中時間，待在同個地方，深入思考想提供給世界的內容。然而，我經常到世界各地演講，這意味我得取消很多演講活動，讓很多人失望。就在那時，我不經意看到維京集團董事長理查．布蘭森爵士的一句話：「如果有人給你一個絕佳的機會，而你不確定自己是否能做到，那就先說『是』，再學習如何去做。」那是一個預兆，告訴我不能再拖延了。我打給瑪塔女士同意她的提案：我打算嘗試成為作家。

而就如同你在這本書中了解到的，我可能在一座城市醒來，在另一座城市入睡。透過旅行來分享我的目標，已經成為我的一部分。夏去秋來，季風雨終於稍歇，揮之不去的寫書念頭變得更加強烈。那年十二月，我花了一個月的時間靜心，並深入審視我一生學到的課題。我把多年來知道的許多故事和學到的許多原則都寫在紙上，但是我想知道如何連結起來。

我決定將自己與眾多不同人物的互動，編織成一個有兩個角色的故事，哈利和拉麗塔．艾爾夫婦。他們在現代社會的旅程，正是許多人共同經驗的縮影。

人生是一趟旅程。然而，如果我們能夠從他人的錯誤和最好的實踐中汲取經驗，就能讓我們的旅程既有價值又快樂。

在寫書過程中，我意識到，寫作比演講難多了。但我也接受了這樣的事實：如果我能為他人的生活貢獻一些意義，我願意接受挑戰——我唯一的祈願是神保佑這本書，為讀者的生活帶來正向的改變。

謝辭

我向聖者 A. C. Bhaktivedanta Swami Srila Prabhupada 表達最誠摯的謝意，他的教導一直是我生活的根基。我的靈性導師 Radhanath Swami 一直是我的靈感來源與人生榜樣，他將教義一一傳授給我，並讓我過上正直並擁有良好品格的人生。他不僅鼓勵我寫這本書，還幫助我安住在寧靜的戈瓦爾丹生態村，讓我可以心無旁騖地完稿。我對他心懷無限感激！

感謝戈瓦爾丹生態村的負責人 Gauranga Das 和所有居民，感謝他們為我的這番努力提供所需的支持。

我深深地感謝 Govinda Das、Radha Gopinath Das、Shyamananda Das、Sanat Kumar Das、Srutidharma Das、Pranabandhu Das、Gauranga Das、Siksastakam Das、Vraj Vihari Das 和 Shubha Vilas Das，他們在我學習的過程中態度非常友善並給予幫助，一路上鼓勵著我。

來自倫敦的 Vinay Raniga 和 Bhavik Patel 從本書仍在構思階段就提供許

多幫助和支持。若沒有他們，這本書只是一個夢，我對他們為我所做的一切感激不盡。

感謝 Prem Kishor Das、Chaitanya Rupa Das、Radheshlal Das、Pratik Kapoor、Yashwant Kulkarni、Priyavrat Mafatlal、Sagar Wadekar、Mabick Thapa、Paresh Kochrekar 和 Shyamgopal Shroff 持續支持我努力不懈的服務工作。

特別感謝所有允許我分享他們故事的人，他們使書中想傳遞的訊息栩栩如生。特別感謝 Mukund Shanbag 博士、Pavitra Shanbag 夫人、Gandharvika 及其家人、Snehal Ansariya 先生和 Kiran Ansariya 夫人以及他們的兒子 Sairaj，還有 Sunil Kumar N.V. 准將講述了印度軍隊令人肅然起敬的故事，也感謝 Hitesh Kotwani 分享的乘車節故事。

我感謝 Satya Gaud 和他的團隊拍攝的照片，並感謝 Satya Gopinath Das 和 Chaitanya Tharvala 在插圖方面的幫助。另外，正是 Vaishali Mathur 女士的編輯專業知識，以及 Udyotna Kumar 女士的努力，幫助我們按照你所看到的方式對本書進行了微調和塑形。衷心感謝 Rachita Raj 女士和 Chanpreet Khurana 女士的文案編輯，以及企鵝藍燈書屋每一位幫助實現此一目標的人。

感謝我居住的孟買拉達古賓納什道場和團體成員的啟發、鼓勵和支持，以及倫敦的貝克提維旦塔莊園，這裡是我在印度以外的國家度過最多時間的地方。

沒有親愛的父母、家人、朋友和支持者無私的愛、祝福和支持，我的努力只是徒勞。謝謝大家！

也感謝所有在網路上關注我的人。正是因為每一個按讚、留言與分享，我才有機會把自己的想法寫下來。

最後，我要向你們——本書的所有讀者表達衷心感謝。正因為有你，我才有機會表達對人生旅程的看法。

我透過本書傳承我的老師們給予的智慧，希望你喜歡我謙遜的嘗試。

國家圖書館出版品預行編目資料

美好人生的驚人祕密：如何在生活中找到平衡與生命意義 /
高樂．谷巴．達斯 (Gaur Gopal Das) 著；陳孟君譯. -- 初版. –
臺北市：方智出版社股份有限公司, 2024.02
272面；14.8×20.8公分 --（方智好讀；167）
譯自：Life's Amazing Secrets : How To Find Balance And Purpose In Your Life.
ISBN 978-986-175-778-0（平裝）
1.CST：靈修 2.CST：心靈療法
192.1　　112021285

www.booklife.com.tw　　reader@mail.eurasian.com.tw

方智好讀 167

美好人生的驚人祕密：

如何在生活中找到平衡與生命意義

Life's Amazing Secrets: How to Find Balance and Purpose in Your Life

作　　者／高樂．谷巴．達斯（Gaur Gopal Das）
譯　　者／陳孟君
發 行 人／簡志忠
出 版 者／方智出版社股份有限公司
地　　址／臺北市南京東路四段50號6樓之1
電　　話／（02）2579-6600．2579-8800．2570-3939
傳　　真／（02）2579-0338．2577-3220．2570-3636
副 社 長／陳秋月
副總編輯／賴良珠
主　　編／黃淑雲
責任編輯／李亦淳
校　　對／黃淑雲．李亦淳
美術編輯／蔡惠如
行銷企畫／陳禹伶．蔡謹竹
印務統籌／劉鳳剛．高榮祥
監　　印／高榮祥
排　　版／莊寶鈴
經 銷 商／叩應股份有限公司
郵撥帳號／ 18707239
法律顧問／圓神出版事業機構法律顧問　蕭雄淋律師
印　　刷／祥峰印刷廠
2024年2月　初版

定價 340 元　　ISBN 978-986-175-778-0